Bullterrier Rocky:
Ich bin ein Kampfschmuser

Dieses Buch widme ich meinem Mann Claus-Peter in Liebe und mit großer Dankbarkeit für seine Unterstützung. Ohne sein Wissen über das Denken und Fühlen der Hunde wäre dieses Buch nicht entstanden.

Ich habe Herrn Poggendorf, Geschäftsführer des Hamburger Tierschutzvereins von 1841 e.V., in meine Erzählungen mit einbezogen, denn er hat sich in den dunkelsten Tagen für Kampfhunde für diese Rassen eingesetzt und sich entgegen der ortsüblichen Meinungsmache für eine artgerechte und vernünftige Haltung dieser Tiere ausgesprochen. Für seine Zivilcourage gebührt ihm mein ganz besonderer Dank.

Gisela Laue

Bullterrier Rocky:
Ich bin ein Kampfschmuser

Ein Buch für <u>alle</u> Hundeliebhaber

© 2004 Gisela Laue
Herstellung und Verlag: Books on Demand GmbH, Norderstedt
ISBN 3-8334-0978-9

Inhalt

Vorwort

Dieses Buch ist ein Denkmal für einen kleinen Hund, der an seinem Dasein unschuldig ist und trotzdem schuldig in den Augen vieler Menschen, weil er einer Rasse angehört, die in Deutschland zukünftig keinen Platz mehr haben darf. Schon bald wird es wieder einmal eine Tierart weniger geben.

Hier soll keine Lanze für Haltung und Züchtung von Kampfhunden gebrochen werden – Kampfhunde sind und bleiben gefährlich, und sie können in falschen Händen zu einer fürchterlichen Waffe werden. Dieses Buch beschreibt die Tugenden eines Hundes, wie Liebe, Ergebenheit und Treue.

Rocky ist jetzt 7 Jahre alt. Ich wünsche von Herzen, dass er noch viele schöne Jahre in unserer Familie erleben kann. Er wird artgerecht, stets mit Konsequenz, manchmal mit angebrachter Härte, aber immer mit viel Liebe und Aufmerksamkeit gehalten. Das ist unsere Verpflichtung vor der Schöpfung, die uns diesen Hund anvertraute.

Schwabstedt, im Februar 2004   Gisela Laue

1. Rocky als Welpe

Rocky war, wie alle kleinen Hunde, ein putziges Kerlchen. Er war sich keiner Gefahr bewusst und ging zielstrebig auf alles Neue und Unbekannte los. Als wir ihn kennen lernten, war er noch nicht stubenrein, aber unser Sohn schaffte es in kurzer Zeit, ihn an Ausgehzeiten zu gewöhnen.

Rocky konnte stundenlang und mit wachsender Begeisterung spielen. Dabei wurde er niemals müde. Er jagte wie ein fliegender Derwisch durch alle Räume, zerkratzte Türen, biss in herumstehende Schuhe, brachte alles in Unordnung, was gerade wieder einigermaßen in Ordnung gebracht worden war und versuchte immer wieder, mit seinen kurzen Beinen auf die Küchenanrichte zu gelangen (dahin, wo die schönen Düfte herkommen).

Gehorchen tat er überhaupt nicht. Nur manchmal, nach vielen Aufforderungen, tat er das, was er auch sollte. War allerdings ein Leckerli zur Hand, hatten wir den gehorsamsten Hund, den man sich vorstellen konnte.

Alle kleinen Hundebabys sind verschmust, und Rocky war da keine Ausnahme. Wenn das Toben und Tollen vorüber war, ließ er sich gern in den Arm nehmen und kuschelte mit uns. Wir spüren noch heute sein warmes, wohlriechendes Babykörperchen, so empfindlich, so wenig Fell, so richtig zum Liebhaben.

Das Ur-Vertrauen, das er uns als Welpe entgegenbrachte, lässt auch heute noch in der Erinnerung in unseren Herzen die Sonne aufgehen. Niemals lernten wir mehr Hingabe kennen.

Rockys erste Erinnerungen

Man erzählt mir, dass ich im Februar 1997 auf die Welt gekommen sein soll. Das mag ja gern sein, aber das genaue Datum interessiert mich nicht wirklich. Ich genieße die ersten Tage in meinem Leben. Es ist herrlich warm am Bauch meiner Hundemama, und ich liege da zusammen mit meinen kleinen Geschwistern. Wir rangeln uns um den besten Platz, und wer am hartnäckigsten ist, bekommt ihn auch. Wenn ich an Mamas Kehle liege, spüre ich ihren Herzschlag, und das ist schön und beruhigend. Hunger und Durst werden reichlich befriedigt. Was kann mir schon passieren?

Irgendjemand nennt mich jetzt Rocky. Rocky, kommt das von ‚rock', dem Felsen? Werde ich später einmal ein Fels für mein Rudel sein? Kann ich so eine schwere Aufgabe auch meistern?

Eigentlich soll ich ja einen ganz anderen Namen haben. Ich bin nämlich ein reinrassiger Bullterrier, und die Reinrassigen haben immer hochherrschaftliche, tolle Namen. So sagt es meine Hundemama. Der Name Rocky gefällt aber auch außerordentlich. Und meine Papiere gehen niemanden etwas an. Meine Hundemama meint auch, dass es nicht auf Rasse und Namen ankommt, wichtig sei der Charakter eines Hundes. Und sie stellt außerdem fest, dass ich ein hübscher Hund sei. Ich bin braun-weiß und gestromt. Meine Schwanzspitze ist weiß, meine vier Pfoten auch. Außerdem habe ich auf meiner Schnauze einen kleinen, schwarzen Fleck auf weißem Grund.

Die Menschen nennen es Frühling, als ich das erste Mal draußen bin. Es macht Spaß, im Gras zu tollen und mit Mama und meinen Geschwistern zu spielen. Da kommt plötzlich ein hübscher junger Mann daher und sieht uns alle an. Ich gehe auf ihn zu, denn ich will wissen, was er wohl will. Er riecht sehr gut und streckt mir seine Hand hin. Ach, ist der lieb! Und der will mich haben? Er sagt, er heißt Günter. Und er hält mich ganz fest in seinen Händen. Ein prima Gefühl, wenn so ein Großer dich mag! Ich will auch immer artig sein und mich so benehmen, dass Günter stolz auf mich sein kann.

Adieu, Mama, adieu ihr zurückbleibenden Geschwisterchen! Die Welt steht mir offen! Ich gehe mit meinem lieben Papa zu neuen Ufern, und wenn es sein muss, bis ans Ende der Welt!

Günter hat viele Freunde. Alles recht harte und coole Typen. Sie nehmen mich in den Arm und finden mich einfach riesig. Ich habe keine Angst vor ihnen, denn schließlich bin ich ein starker Hund, auch wenn ich erst ein paar Wochen alt bin.

Günter ist fort. Ich suche ihn in der ganzen Wohnung. Er kommt nicht wieder. Stattdessen sind viele Menschen um mich herum, sie tragen schwarze Kleidung und weinen. Was ist passiert? Günters Freunde sagen, dass mein Papa nie wiederkommen wird. Er ist mit seinem Motorrad tödlich verunglückt. Was ist das, tot? Ich fühle mich ganz schön alleine, auch wenn mich alle streicheln und lieb mit mir reden. Keiner riecht so gut wie mein Papa Günter. Wenn ich nur geahnt hätte, was passiert, wäre ich mit ihm gefahren und hätte ihn beschützen können.

Ich bin jetzt immer abwechselnd bei Günters Freunden. Aber weil ich noch so klein bin, haben sie erhebliche Bedenken vor all' der Arbeit, die ich verursache. Sie sagen, ich mache so vieles kaputt, und ich bin zu quirlig.

Was kann ich denn dafür? Ich will doch nur ,groß' werden. Und was bedeutet da so ein oller Puschen, den sowieso keiner mehr haben will? Und wenn ich mit meinen Zähnen einen Schlauch durchbeiße, kann das doch wohl auch nicht so schlimm sein. Immerhin muss ich meinen Kiefer stählen, denn später soll ich 1 ½ Tonnen Hub damit haben.

Und zu allem Unglück bin ich noch immer nicht stubenrein. Woher soll so ein kleiner Hund am Anfang seines Lebens alle Hundebenimmregeln schon gleich kennen? Ich brauche einfach eine Ausbildung! Das steht mir zu!

Einen Freund von Günter habe ich besonders gerne! Ich schnüffle ständig an und um ihm herum, denn hier riecht es nach Liebe!!! Am besten schmuse ich mit ihm noch ein wenig intensiver, vielleicht behält er mich ja dann! Und wenn ich so tue, als ob ich kein Wässerchen trüben könnte, fällt er bestimmt drauf rein. Er scheint mir nämlich etwas naiv zu sein.

Getroffen!!! Er behält mich!!! Mein neuer Papa heißt Marc und ist schrecklich groß. So müssen wohl die Riesen im Märchen aussehen. Er will jetzt für mich sorgen und mich beschützen. Da will ich mal sehen, was er für mich bereithält: Süßes oder Saures?

Rocky lernt seine Großeltern kennen

Seit Stunden sitze ich nun mit vier Menschen in einem kleinen Auto und fahre Richtung Norden. Mein neuer Papa will seinen Papa besuchen. Das ist bisher die weiteste Reise meines Lebens. Papa hat die Musik ganz laut gestellt, und die drei anderen singen dazu. Laut und falsch. Meine Ohren dröhnen. Außerdem – es wird Zeit, an meine Bedürfnisse zu denken. Da denke ich scheinbar nur alleine dran. Drei Monate bin ich alt, und schon interessiert es keinen Menschen mehr, wenn ich Gassi gehen muss. Ich warte noch 10 Minuten, dann mache ich einfach auf den Sitz. Endlich wird mein Unwohlsein aufgrund meiner Unruhe bemerkt und ein Parkplatz angefahren. Welch eine Erleichterung! Das macht ihr nicht noch einmal mit mir, sonst lernt ihr mich kennen!

Nach langer Zeit überqueren wir einen Fluss. Papa sagt, das sei die Treene, und wir seien jetzt in Schwabstedt, einem feinen Luftkurort, und ich würde mich hier wohlfühlen. Nun halten wir vor einem weißen Haus mit blauen Fensterrahmen. Papa meint, da wohnt sein Papa mit seiner Frau. Und ich soll ganz lieb und artig sein, damit die beiden mich auch mögen. Für mich das Leichteste der Welt: Ich rolle mich auf Papas Hand zusammen, mache die Augen zu, lächle feinsinnig vor mich hin, lege meine Pfoten brav übereinander, klappe die Ohren nach vorne, wedle mit meinem Schwänzchen und warte ab, was da auf mich zukommt.

Stille. Ein Auge riskiere ich nun doch. Da steht ein großer, schwarzer Mann vor der Haustür. Er sieht so aus wie mein Papa, nur älter und dicker. Papa sagt: „Das ist Rocky." „Oh Gott, das ist ja einer mit einer Schweineschnauze!" Warum der wohl so schluckt? Mein zweites Auge geht zu der Frau, die auch an der Haustür steht. Sie sieht mich leicht entsetzt an. Dann streicheln mich beide, wenn auch recht verhalten, wie ich sehr wohl bemerke.

„Kommt alle rein ins Haus!" Als erstes werden ganz schnell die Gegenstände weggeräumt, an denen ich meine Freude hätte haben können. Die Menschen haben aber auch gar kein Zutrauen zu einem drei Monate alten Hund. Papa, seine Freunde und die beiden älteren Menschen beschäftigen sich mit mir und unterhalten sich darüber, was ich für ein trauriges Schicksal hatte.

Der ältere Mann sagt zu Papa: „Ich habe bislang geglaubt, nur Leute, die nicht ganz dicht sind, schaffen sich solch einen Hund an! Und nun haben wir so einen in der Familie." Die grauhaarige Frau setzt noch einen obenauf: „Er ist ja wirklich putzig, aber warum musstest Du mir das antun? Da hätte ich doch lieber einen Pudel akzeptiert." Woraus ich messerscharf schließe, dass sie keine Pudel mag (Ich übrigens auch nicht, die sind immer so vornehm mit ihren Krönchen und dem affektierten Gehabe. He, Alte, da haben wir etwas Gemeinsames!).

In der Nacht schlafe ich nicht sehr gut, denn ich muss mit Papa und seinen drei Freunden in einem Zimmer schlafen. Bei aller Liebe, Menschen können vielleicht stinken! Alles voll von Alkoholdünsten und Nikotin. Außerdem wird hier geschnarcht, und wenn nicht geschnarcht wird, ‚dödeln' Männlein und Weiblein so komisch miteinander rum. Und man scheucht mich fort, wenn ich darauf zukomme. Wie soll ich da schlauer werden?

Ganz früh morgens, es wird gerade hell, höre ich im Nebenzimmer Geräusche. Rocky, sei klug, denke ich mir, Dein Papa sieht nicht so aus, als ob er sich Deiner vollen Blase gleich annehmen wird. Ein kurzes, gekonntes Quieken – schon reagiert der ältere Mann. Er klopft leise und verhalten gegen die Tür (Ich hätte sie ja einfach eingetreten, wenn ein solch hilfloses Wesen wie ich auch nur einen Mucks von sich gegeben hätte!) und sagt: „Ich nehme Rocky mit." Mein Papa lässt nur ein Grunzen hören. Wahrscheinlich freut er sich, dass er weiterschlafen kann.

Leider kann ich mit meinen kurzen Beinen noch nicht die Treppe herunterlaufen. Der ältere Mann hat ein Einsehen und nimmt mich vorsichtig auf den Arm: „Wir gehen jetzt in den Garten, und da kannst Du in aller Ruhe Dein ‚Puperchen' machen." Solche Worte sind Balsam für meinen vollen Darm. Auch meine Blase lebt auf. Es ist zu schön, gemeinsam mit einem Menschen im Garten herumzustrolchen, bis der richtige ‚Puperplatz' gefunden ist. Der ältere Mann schaut sich die Zusammensetzung meines kleinen Haufens ganz genau an. Dann nickt er zufrieden. Danach hebt er mich hoch und geht wieder hinein ins Haus.

Er trägt mich die Treppe hoch und lässt mich am Treppenende herunter. „Geh' hinein ins Schlafzimmer," flustert er mir verschwörerisch zu. Das lasse ich mir nicht zweimal sagen! Ich nehme einen großen Anlauf, meine Babyöhrchen fliegen nach hinten, ein kräftiges Abstoßen und Schwupps – ich bin bei der grauhaarigen Frau im Bett. Sie schaut sehr entsetzt; wahrscheinlich weiß sie noch nicht, wie schön es ist, einen kleinen Hund im Bett zu haben. Aber das werde ich ihr schon beibringen.

Die grauhaarige Frau untersucht konsterniert die nassen Flecken auf ihrer Bettwäsche. Ihr Gesichtsausdruck wirkt nicht sehr freundlich. Rocky, denke ich, Du bist bald ein Mann, es muss Dir gelingen, diese Festung zu knacken.

Ich setze mich auf und hechle sie mit Strahleaugen erwartungsvoll an. Horrido, ich bin wohl ein Frauentyp!!! Die grauhaarige Frau öffnet nun beide Arme, lacht mich an und ruft: „Na, dann komm' her, Du kleiner Häßling!" Ich denke nicht lange über die Frage nach, was wohl ein Häßling ist, ich falle einfach in ihre Arme und kuschle mich an sie. Sie hält mich ganz fest, küsst mich auf die Schnauze und streichelt mich. Ich schnüffle an ihrer Haut; es riecht irgendwie nach ‚Mama' und ‚Wärme'! Sie sagt so liebe Worte wie ‚kleine Stinkernase', ‚Schieter' und ‚Dösbaddel' und knuddelt mich immer wieder. Wie Schuppen fällt es mir plötzlich von den Schlitzaugen: Das ist Oma! Ich habe meine Oma gefunden!

Wie schön kann das Leben sein!!!!

Bevor nun mein Papa und seine Freunde aufstehen, bin ich schon bei Oma in der Küche. Wasser steht für mich da, und ich lösche als erstes meinen Durst. Oma steht an der Anrichte und ist am Arbeiten. Es duftet nach Kaffee und Frühstück. Ob da wohl was für mich abfällt? Vielleicht, wenn ich ganz lieb schaue? Quiek, Oma, ich bin doch auch noch da. Und sie lässt sich erweichen und schiebt mir etwas ganz Leckeres in die Schnauze. Ich weiß nicht, was das ist, aber es schmeckt himmlisch! Davon könnte ich ganze Näpfe voll essen.

Nun sitzen alle am Frühstückstisch – nur ich nicht. Um zu zeigen, dass auch ich ein Recht habe, am Tisch zu sitzen, veranstalte ich allerlei Unsinn. Und es wirkt, ich komme zwar nicht mit an den Tisch, aber sie kümmern sich alle um mich.

Als Oma den Tisch abgeräumt hat, nimmt der ältere Mann mich am Genick und setzt mich auf seinen dicken, warmen Bauch. Seine Hand hat das Format eines Klosettdeckels und bedeckt mich ganz. Er streichelt mich und hält mir seinen Daumen in die Schnauze. Da kann ich schön dran nuckeln. Fast wie bei meiner Hundemama. Nur: Es kommt keine Milch heraus. Nun legt der ältere Mann meinen Kopf an seinen Hals. Ich spüre zum ersten Mal nach langer Zeit wieder einen Herzschlag. Oh, Mama, jetzt erst merke ich, wie sehr Du mir fehlst. Ob dieser Mann Dich ersetzen kann?

Jetzt spricht er mit meinem Papa. Seine Stimme ist ganz tief und ruhig, und in seinem Brustkorb vibriert seine Stimme nach. Das ist ja wie im Hundehimmel! Ich atme tief, fiepe glücklich, lasse mich einfach fallen. Nichts ist mehr von Wichtigkeit, nur das Hier und Jetzt zählt.

Ein tiefes Glücksgefühl erfasst mich: Da ist er, mein Opa, mein Don, der Herrscher aller Reussen, der beste Rudelführer seit ewigen Zeiten! Ihm will ich gehorchen, denn er ist der Größte! Er soll sich um mich kümmern und seine große Hand stets über mich halten. Ich bin entspannt wie nie zuvor. Meine Blase ebenso.

Auf Opas neuem, blauen Oberhemd breitet sich ein großer Fleck aus. Ist mir scheißegal, ich schnorchle weiter. Von ferne höre ich Papas Stimme: „Rocky, Du Ferkel, das macht man nicht!" Aber Opa hat Verständnis für mein Verhalten und tadelt mich überhaupt nicht. Im Gegenteil, er hält mich immer weiter an seine Halsschlagader gepresst, bis es unter mir kalt wird und ich langsam diese gastliche Stelle verlassen muss.

Jetzt habe ich ein richtiges Rudel: Opa, Papa, Oma und ich – das soll die Reihenfolge sein. Mal sehen, ob ich in Zukunft meine Position nach oben hin verbessern kann! Vielleicht in der Reihenfolge: Ich, Opa, Papa ....?
Gedanken von Opa und Oma:

Als wir Rocky das erste Mal sahen, hielt sich unsere Begeisterung sehr in Grenzen. Nicht wegen dieses kleinen Wesens, das da über unseren Rasen kugelte, sondern wegen der Konsequenzen, die sich aus der Haltung eines Kampfhundes ergeben würden. In ganz Deutschland wurde seit Monaten Front gegen Kampfhunde gemacht, und nun sollten auch wir mit diesem Problem konfrontiert werden.

Uns war klar, dass auf den Halter eines solchen Hundes eine Menge Schwierigkeiten zukommen, und wir waren absolut nicht der Meinung, dass unser Sohn diesen gewachsen wäre.

Wie alle jungen Lebewesen war Rocky ein putziges Kerlchen: Lebhaft, frech, mit spitzen Zähnchen, total verspielt und fürchterlich neugierig. Wo immer wir uns aufhielten – er war schon da. Toben und Spielen war sein Leben. Er schaffte es im Handumdrehen, das Haus in totale Unordnung zu bringen.

Auf seinen kleinen Pfoten wackelte er durch den Garten und genoss das Leben. Regenwürmer, Schmetterlinge, Fliegen, nichts war vor ihm sicher. Manchmal schien er unauffindbar, doch plötzlich leuchtete seine weiße Schwanzspitze wie ein Sternchen aus Blumen und Sträuchern heraus. Überall setzte er in Baby-Manier seine Duftmarken. Auf Rufen hörte er leider überhaupt nicht.

Unser Sohn hatte dummerweise Rocky bereits des öfteren nachts in sein Bett gelassen. Jeder Hundefreund weiß: Einmal ins Bett – immer im Bett. Wir müssen gestehen, dass auch wir unsere Freude daran hatten, als dieser kleine Kerl bei uns durch die Betten hüpfte, mit uns ,kämpfte', quiekte, hochsprang und sich irgendwann vor Erschöpfung hechelnd niederlegte. Gern kam er in den Arm und schlief vertrauensvoll ein. Und wir streichelten glücklich dieses kleine, warme und weiche Etwas und genossen und kommentierten beinahe jeden seiner Atemzüge.

Schon sehr bald sahen wir in ihm nur noch ein entzückendes Lebewesen, von Gott geschaffen, von uns Menschen abhängig. Vergessen waren die ,Schweineschnauze', die Schlitzaugen, die Vorurteile. Die Freude, so ein gesundes und schönes Tier zu haben, überwog alle Bedenken.

So wurde Rocky (mangels vorhandener Enkelkinder) von uns als ,Enkelkind' adoptiert.

Rockys erstes Gassi-Gehen mit Oma

Papa und seine Freunde sind heute Morgen ganz früh nach Husum gefahren, um sich die Stadt anzusehen. Opa ist auch unauffindbar. Nur Oma werkelt in der Küche herum und schält Kartoffeln. Ich bekomme ein Stück davon ab. Nicht so mein Fall, aber essbar.

Es ist langweilig, wenn sich keiner mit mir beschäftigt. Ich will mal versuchen, nach draußen zu kommen. Immer herum um Omas Beine, ein bisschen Quieken, ein wenig Unruhe – schon greift sie mein Halsband und ist mit mir draußen. Ich laufe, so schnell meine kleinen Beinchen mich tragen können. Wir sind auch sofort im Grünen, und ich entdecke ‚Landgerüche'.

Oma erklärt mir geduldig alles. Da gibt es eine Wiese, das ist ein Feld, da laufen zwei Kaninchen – und ich darf nicht hinterher – und dann gibt es auch noch Kühe und Pferde. Alles ganz neu für mich. Und die Luft ist so sauber – meine Lungen singen vor Freude. Ich komme aus dem Erschnüffeln gar nicht mehr heraus und gerate richtig in Ekstase. Wir laufen und laufen, es ist einfach herrlich. Mein kleiner Turboschwanz kann gar nicht so schnell wedeln, wie ich es möchte. Oma lässt sich mit mir alle Zeit der Welt.

Natürlich geht es nicht ohne Ermahnungen! Von wegen Benimm und so! Hier ist die Welt noch in Ordnung, so sagt Oma, und sie würde nicht zulassen, dass ich sie durcheinanderbringe. Geschäft auf der Promenade sei tabu, Geschäft auf dem Treene-Vorland sei ebenfalls tabu, und das Flussschwimmbad sei für mich obertabu. Mir klingeln die Ohren!

Schon lerne ich meinen ersten echten Schwabstedter kennen. Er kommt auf einem Fahrrad aus dem romantischen Nachtigallental und ruft uns ein freundliches „Moin, moin" zu. Bei meinem Anblick tritt er in die Bremse und fragt meine Oma, was ich denn für eine Art Dackel sei. Oma klärt ihn auf. Der nette Mann steigt tatsächlich von seinem Fahrrad, kommt auf mich zu und streichelt mich. „Wat söt," höre ich – und es soll wohl ein Kompliment sein. Er riecht nach Beständigkeit und Erdverbundenheit. Prima, ich glaube, ich werde mich mit den Nordfriesen wirklich anfreunden.

Auf einem Feldweg liegen viele, feine und frische Schafsködel. Ich renne gleich darauf zu und schiebe sie hinein ins Maul! Omas empörtes Kreischen überhöre ich schlichtweg bei meinem Super-Mahl.

Dann rieche ich auch noch, dass es auf einem Bauernhof Wisente, Esel und Enten gibt. Ich bin überglücklich, all' so etwas zu erleben.

Zu Hause angekommen, bin ich ganz schön erschossen. Im Wohnzimmer rolle ich mich gleich auf einer Decke zusammen und schnorchle, was das Zeug hält.

Gedanken von Oma:

Ja, die Herren der Schöpfung hatten mich mit dem kleinen Wüstling allein gelassen. Als Rocky unruhig wurde, dachte ich damals, er müsse wohl dringend Gassi gehen. Jetzt, wo ich ihn näher kenne, weiß ich, er hatte nur Langeweile und wollte unterhalten werden.

Wir haben dann einen langen Spaziergang gemacht. Es waren wohl letztlich 2 km, und Rocky zeigte während der ganzen Zeit keinerlei Ermüdungserscheinungen. Er war noch zu klein, um aus dem Wiesenrain hervorzuschauen, er verschwand zwischen Bäumen und Sträuchern und rannte von einer Seite zur anderen. Kurz: Er war reinweg aus dem Häuschen. Diese Gerüche kannte er wohl noch nicht; in der Stadt riecht es anders.

Entsetzt war ich, als Rocky mit Genuss und ohne zu zögern, auf dem Weg liegende, frische Schafsködel fraß. Gott, dachte ich nur, der Hund frisst Scheiße! Wie eklig. Später habe ich dann lernen müssen, dass sich selbst in diesen Exkrementen noch Stoffe befinden, die der Hund braucht. Wenn eine Mangelerscheinung da ist, gibt ihm sein Instinkt die Order, auch Schafsködeln zu Leibe zu rücken. Später fraß er dann manchmal Gras und ließ diese nicht so appetitlichen Sachen am Wegrand liegen.

Rocky reagierte auf jeden Geruch. Als wir an einem Bauerngehöft vorbeikamen, konnte er die Tiere dort weder sehen noch hören. Aber genau parallel zu jedem Gehege machte er sich lang und hob sein Näschen in die Luft. Ich hatte Mühe, ihn zum Weiterlaufen zu bewegen.

Der Spaziergang war letztlich doch wohl ein wenig zu anstrengend gewesen, denn Rocky verschlief fast den Rest dieses Tages.

Kann Papa mich halten?

Opa und Papa sitzen in einem ernsten Gespräch zusammen. Ich merke so richtig Spannung zwischen den beiden. Opa fragt Papa nämlich, wie er sich die Zukunft mit mir vorstellt. Scheinbar hat Opa nicht allzu großes Zutrauen in Papas Fähigkeiten, einen Hund wie mich zu halten. Er fragt, wo ich bleibe, wenn Papa arbeiten geht. „Da ist der Hund zu lange alleine, das geht nicht." Papa erzählt von Nachbarn, die sich tagsüber um mich kümmern werden, und von Günters

Mama, die mich auch oft abholt zum Spazieren gehen. Opa kommt das alles ‚spanisch' vor. Er ist mit diesem Durcheinander nicht so recht einverstanden. Sie einigen sich dann, dass ich ab und zu nach Schwabstedt zur ‚Kur' komme. Damit bin ich voll einverstanden, denn selbst als Welpe habe ich bereits gemerkt: Was gibt es Schöneres als Landleben?

Vor lauter Aufregung auf diese tolle Aussicht hinterlasse ich gleich einen großen See auf dem schönen chinesischen Teppich. Oh je, kann der Papa sich aufregen! Mein Gott, ich bin doch nur ein Welpe! Vollkommen hilflos!

Opa und Papa wischen alles sauber, so dass Oma keinen Ohnmachtsanfall bekommt. Sie hatte nämlich heute Morgen schon stumm und mit großen Augen auf die vielen Dellen und Schmarren geschaut, die mein Halsband an ihrem Couchtisch und an ihrem Sofa gemacht haben.

Opa hat eine einfache Erklärung: „Wenn man einen Hund hat, muss man ein großes Herz haben!" Recht hat er! Ich habe ja auch ein großes Herz, denn schließlich habe ich dieses ganze verrückte Rudel sofort herzmäßig angenommen!

Gedanken von Opa:

Wie will ein berufstätiger Junggeselle solch einen Hund artgerecht halten? Diese Frage stellte sich mir sofort. Gerade ein Bullterrier braucht außer Zuneigung und die ihm zustehende Futtermenge eine gute, konsequente Ausbildung und Erzie-

hung. Es wäre schade, wenn die Intelligenz eines derart klugen
Tieres nicht geschult werden würde.

Da sich Rocky bereits nach ein paar Tagen bei uns wie zu
Hause fühlte, kam ich mit meinem Sohn überein, dass wir
den Hund in Abständen immer mal zu uns nehmen würden.
Wir hatten uns in den kleinen Kerl verliebt und wollten ihn
wenigstens wochenweise verwöhnen und erziehen.

Rockys erstes Weihnachtsfest in Schwabstedt

Papa ist mal wieder stundenlang mit mir im Auto nach
Norden unterwegs. Ich weiß schon, wohin es geht – bei
der langen Fahrt kombiniere ich messerscharf: zu Opa und
Oma! Das bedeutet: Fressen bis zum Abwinken, regelmä-
ßige Spaziergänge, Schlafen bei den Alten, Geknutsche und
viele, viele Streicheleinheiten.

Papa hat für Opa und Oma Geschenke eingekauft. Sie
liegen auf dem Sitz. Ich glaube, gerade habe ich mit meiner
Pfote einen Ast von dem schönen Weihnachtsstern abge-
knickt. Na ja, es sind ja noch ein paar mehr dran, das fällt
Papa bestimmt nicht auf. Warum kauft er eigentlich solch
empfindliche Geschenke? An der Cognacflasche konnte
ich immerhin trotz verschiedener Versuche Gott sei Dank
nichts kaputtmachen.

Wir reisen in Schwabstedt ein. Es ist schon dunkel, und
nur wenige Menschen sind noch unterwegs. Überall wurden Bäume mit Lichterketten geschmückt, und es leuchtet

heimelig aus vielen Fenstern. Wenn ich meine Nase recke, kann ich den einen oder anderen Duft von Braten und Kuchen riechen. Hier wird das Weihnachtsfest noch nach alten Traditionen gefeiert, so sagte man mir, mit Familie, Gänsebraten, Futjes (hahahaha, und Ihr wisst nicht, was das ist!) und vielen anderen kalorienreichen Sachen.

Endlich sitzen wir um den Tannenbaum herum. Meinetwegen gibt es zum ersten Mal elektrische Kerzen, von wegen Toberei, Brandgefahr, usw. Diese Menschen beschenken sich ja stundenlang! Was die alles gebrauchen können! Und dann diese „Aahs“ und „Oohs“! Sie tun so, als ob sie wirklich begeistert sind. Das Papier raschelt und fliegt auf den Boden – aber ich bin ein wohlerzogener Welpe und schnappe nicht danach. Mann, wenn diese Prozedur doch endlich vorbei wäre. Wer kümmert sich eigentlich um mich?

Nach Tausenden von Stunden hält Opa jetzt ein schweres Paket mit einer großen roten Schleife in die Höhe: „Und das ist für Rocky!" Geschenk für einen Hund? Neu für mich. Neugierig komme ich näher. Und schon rieche ich es: Das muss etwas zum Fressen sein!!!! Ich werde ganz unruhig und kann kaum erwarten, bis Opa das Ding für mich ausgepackt hat. So etwas habe ich ja noch nie gehabt! Es ist ein herrlicher Kauknochen mit einer Länge von ungefähr 40 cm. Oh Gott, wie soll ich den bloß angehen? Vorsichtig lecke ich an einem Ende. Lecke noch einmal. Ganz gut eigentlich. Knabbere ein wenig daran – absolute Spitzenklasse. Ist ein Büffelknochen! Mann, den werde ich, ohne den anderen etwas abzugeben, alleine vernaschen! Ich reiße, schmatze, lecke – ein Hochgenuss. Da werde ich über Weihnachten gut zu tun haben.

Natürlich wollen Opa und Oma mit mir und dem Knochen spielen. Sie halten ihn hoch, werfen ihn in die Luft, und manchmal nehmen sie ihn mir auch aus dem Maul. Gutmütig wie ich bin, akzeptiere ich ihr lustvolles Benehmen. Wissen die eigentlich, dass man einem Hund nichts aus dem Maul nehmen soll? Und schon gar kein Fressen? Haben die ein Glück, dass ich schnell erkannt habe, dass sie mir nie etwas wegnehmen würden. So macht sich meine Intelligenz bezahlt, und wir können schön miteinander und dem Knochen spielen.

Es ist jetzt der 2. Weihnachtsfeiertag, und mein Knochen ist schon recht zusammengeschrumpft. Ich gab mein Bestes. Opa und Papa loben mich, weil ich soviel Leben gezeigt habe. Omas Entzücken ist etwas verhaltener – sie sieht die vielen weißen Schleimspuren, die überall auf dem Teppich hart geworden sind. Aber Opa meint, die kann ‚man' (selbstverständlich ist Oma gemeint) leicht wieder auswaschen. Na bitte.

Mein Rudel hat heute eine große, dicke, feine Ente auf dem Tisch stehen. Es ist alles schön gedeckt, die Kerzen sind an, und es riecht himmlisch. Gleich zeigt mir mein kleiner Magen, dass er auch gerne etwas bekommen möchte. Von 2 Scheiben Schwarzbrot mit Leberwurst am Morgen kann ich schließlich nicht den ganzen Tag lang leben. Papa zischt ein scharfes: „Rocky, unter den Tisch, hinlegen und keinen Ton. Es wird nicht gebettelt!" Das ist eine schlimme Situation. Ich will meine Lieben ja nicht ärgern, aber es ist sehr viel verlangt, brav zu sein, wenn meine Nase so etwas Tolles aufgenommen hat.

Am Tisch wird stundenlang geschmatzt, gelacht, getrunken, wieder gelacht – endlich höre ich den lang ersehnten Satz: „Ich kann nicht mehr!" Bedeutet dies, dass noch etwas übriggeblieben ist? Ich robbe ein wenig unter dem Tisch hervor und riskiere ein Auge. Das kann man nun wirklich nicht als Betteln betrachten.

Keiner schaut mich an. Verdammt, ich habe Hunger! Endlich rührt sich Opa und sagt: „Na, denn gebt mir mal die Klöße, die Soße, den Rotkohl und die Fleischreste. Ich mache das Fressen für Rocky fertig!" Mein Schwanz geht sofort mit Turbogeschwindigkeit hin und her – er klopft ordentlich laut auf dem Fußboden. Omas Einwand, dies sei kein Fressen für einen Hund, schmettert Opa Gott sei Dank entschieden ab. Gut so, wir Männer müssen schließlich zusammenhalten.

Opa macht alle Zutaten klein und mischt sie mit schöner Soße zusammen. „Er soll fressen, bis er platzt, nur so bekommt man einen Hund, der nicht immerzu fressen will und bettelt!" Recht hat er, der Opa, Fressen bis zum Platzen. Natürlich bin ich bereits vor ihm am Futterplatz. Mach' hin, Opa, das ‚Kind' hat Hunger!

Opa schiebt mir einen ganz großen Teller voll feinstem Fressen in die Schüssel. Ich stürze ohne Hemmungen darauf zu! Lieber Gott im Himmel, so hat es mir noch nie geschmeckt. Ich schmatze und schlotze und würde mich am liebsten mit meinem ganzen Körper hineinlegen.

Mein Rudel lacht laut und vernehmlich, als ich dickbäuchig und vollgefressen in gemäßigtem Tempo wieder zurück ins Wohnzimmer wanke. Mein Papa meint, ich sähe aus wie ein kleines Hängebauchschwein. Oma befühlt mein Tönnchen, das zu beiden Seiten meines kleinen Körpers hervorsieht. Opa sagt nur: „Hinlegen und verdauen!" Das lasse ich mir nicht zweimal sagen. War ganz schön viel im Fressnapf drin. Aber lieber satt und schlecht als hungrig und gesund. Zusammenrollen kann ich mich kaum noch, ein paar Fieperchen, und schon wird mein Verdauungsprozess während des Schlafens angekurbelt.

Mein Rudel lässt sich um den Tisch nieder und spielt Karten. Wieder wird gelacht, und es wird gewonnen und verloren. Ich bekomme es so am Rande mit. Mein Bäuchi grummelt, und in meinem Darm wird es unruhig. Da muss was raus! Ich lasse ein kleines, harmloses ‚Flümli' meinem Darm entweichen, und schon höre ich Opas Stimme: „Nun lässt Marc auch schon seine Geheimwaffe arbeiten, nur, damit er gewinnt!" Bin ich die Geheimwaffe? Na, dann ihr Dämpfe, heraus aus dem Darm! Einer nach dem anderen! Die Geheimwaffe soll arbeiten, bis ihr Zweck auch erfüllt ist.

Schon höre ich ein Schimpfen und Pöbeln hoch über mir. Ich sei ein Ferkel, ein Stinktier, und ob ich mich nicht zurückhalten könne? Aber die Geheimwaffe rührt sich nicht. Wer hat mir das Essen gegeben, ich mir selbst oder Opa? Ein kleiner Hund muss schließlich pupsen, das gehört sich so und ist gesund.

Ich schlafe noch eine Stunde oder zwei Stunden weiter, bis Oma mit Kaffee kommt. Ich habe gesehen, dass sie Kuchen gebacken hat. Bekomme ich davon auch noch etwas oder bleibt sie konsequent bei der Auffassung, Kuchen sei nichts für Hunde? Lass' sie gerne konsequent bleiben, ich würde sowieso nichts mehr herunterbekommen. Das Mittagsmahl reicht für einen ganzen Tag. Ich sonne mich in der Vorstellung, dass der Futternapf zukünftig immer so schön voll sein wird. Es muss ja nicht unbedingt Menschenfutter sein.

Wie häufig im Jahr gibt es eigentlich Weihnachten?

Gedanken von Opa und Oma:

Ja, unser erstes Weihnachtsfest mit dem Hund war wunderschön. Rocky war nicht verwöhnt worden mit dem, was jeder kleine Wuschel eigentlich bekommen sollte. Er konnte nicht mit Spielzeug umgehen, d.h. jede kleine Quietsche-Ente oder was es auch immer an Spielsachen gab, war im Nullkommanix zerfleddert und zerrissen. Die Fetzen wurden lustvoll durch die Gegend geschleudert, so dass man sie ihm nur noch fortnehmen konnte. Bis heute hat er übrigens nicht gelernt, mit Spielzeug umzugehen.

Rocky bekam von uns einen riesigen Kauknochen, beinahe länger als er selbst. Es dauerte nicht lange, bis er entdeckt hatte, wofür dieses Ungetüm gut war. Er bearbeitete diesen Knochen mit einer Intensität, dass einem angst und bange wurde. Keine Körperhaltung war ihm zu beschwerlich, um dieses Ding klein zu kriegen. Er schaffte innerhalb von 3 Tagen, den Knochen bis auf einen kleinen Rest zu vernichten. Sie können sich sicherlich vorstellen, wie unser Wohnzimmerteppich danach aussah! Eine gründliche Reinigung war vonnöten. Aber andererseits brachten wir es auch nicht übers Herz, ihm diese Freude zu versagen.

Was uns von Beginn an wunderte, war Rockys Großherzigkeit. Wir konnten, egal wie stark er sich gerade mit dem Knochen herumplagte, ihn ihm jederzeit fortnehmen. Er sah uns nur erfreut an und wedelte mit dem Schwanz. Er ließ es auch zu, dass wir ihm den Knochen aus seinem Maul nahmen und so taten, als ob wir ihn jetzt fressen wollten.

Er muss bereits als Welpe gewusst haben, dass wir ihm niemals wirklich etwas fortnehmen würden. Oder war er trotz all' seiner Gefräßigkeit bereit, sein Fressen mit uns zu teilen? Wir wissen es nicht. Er lässt uns bis heute jederzeit an seinen vollen Fressnapf, und wir können da etwas herausnehmen oder ihm auch den ganzen Napf fortnehmen: Er steht nur da, wedelt mit dem Schwanz und wartet ab. Es gab und gibt niemals ein Geknurre oder eine unwirsche Gebärde. Wir sind allerdings auch nie auf die Idee gekommen, dass man ,so etwas' mit einem Hund nicht machen sollte. Vielleicht akzeptierte er einfach unser Vorgehen als Selbstverständlichkeit und spürte unsere Unbefangenheit.

Rocky war, was sein Futter anbetraf, in keinster Weise von seinem Papa verwöhnt worden. Bei unserem Sohn stand eine Schüssel mit Wasser und eine Schüssel mit Trockenfutter in der Küche. Rocky mischte sich das Futter praktisch selbst. Sicherlich waren die Schüsseln auch nicht immer so voll, wie es sich gehört.

Bei uns bekam er nach dem Morgenspaziergang ein bis zwei Scheiben Schwarzbrot, ganz dünn mit Leberwurst bestrichen. Er konnte es kaum erwarten, bis seine Leckerei fertig war und in Portionsstückchen in seinen Fressnapf gelangte. Heißhungrig verschlang er stets alles. Danach war Rocky fressensmäßig erst einmal abgemeldet. Wir konnten in Ruhe frühstücken, und unser kleines Kampfhundchen lag entspannt zu unseren Füßen. Niemals gab es Lungern oder Betteln.

Seine Hauptmahlzeit genoss Rocky über alles. Da sein Speisezettel zu Hause einfach nur oberkarg zu nennen war, fraß er bei uns alles in sich hinein, was fressbar war und was er erhaschen konnte. Wir waren der Ansicht, dass er einfach einmal bis zum Platzen fressen sollte. Sein Napf wurde niemals leer, und er bekam das Gefühl, er könne auch einmal etwas stehen lassen.

Unsere Kalkulation ging auf: In den ersten Tagen fraß der kleine Kerl, was auch immer das Zeug hielt. Sein Bäuchlein wurde rund und runder und nahm Kugelausmaße an. Nach ca. einer Woche ,voller Napf' wurde seine Gier merklich geringer, und er fraß wirklich nur das, was sein Körper auch brauchte. Die Folge war, dass unser Hund nie dick wurde. Er setzte volles Vertrauen in uns, dass wir ihn nie enttäuschen würden und er keinesfalls Hungers sterben müsse.

Dieses Weihnachtsfest fiel noch in die ,Fresszeit' von Rocky. Wir haben noch keinen Hund gesehen, der mit solch einer Begeisterung sein Fressen verschlang. Er grunzte vor Behagen, und ab und zu sah er voller Dankbarkeit zu uns auf. Er war so hingerissen von dieser Leckerei, dass er – obwohl der Bauch fast auf dem Boden schleifte – immer wieder um unsere Beine strich und den Kopf hingebungsvoll auf unsere Knie legte.

Selbst in seinem koma-ähnlichen Verdauungsschlaf muss er von seinem Fressen geträumt haben. Seine kleinen, kurzen Beine zuckten, er stöhnte wollüstig im Schlaf und öffnete müde ab und zu ein Äuglein, um voll Dankbarkeit seinen Opa anzublicken.

Rocky und der Laserstrahl

Himmel, Arm und Wolkenbruch – ein kleiner Hund wird hier geradezu nach Lust und Laune im wahrsten Sinne des Wortes auf den Arm genommen! Nur weil er sich nicht wehren mag.

„Lieber Herr Poggendorf vom Hamburger Tierschutzverein, was würdest Du dazu sagen? Folgendes ist passiert:

Ich, Rocky, ein kleines, hilfloses Tierchen, muss natürlich auch in der dunklen Jahreszeit zu allen möglichen und unmöglichen Zeiten nach draußen. Das haben die Menschen eben davon, wenn sie einen Hund stubenrein bekommen wollen. Früher war das ganz anders: Da wurde gemiefert, wo immer man gerade war, und keiner regte sich über Teppiche oder Parkett auf. So wurde mir wenigstens erzählt.

Aber das 20. Jahrhundert fordert eben seinen Tribut. Also marschiere ich, wenn ‚Blasenentleerungszeit‘ angesagt ist, munter aus dem Haus. Aber die Alten sollen doch nicht glauben, dass ich mein Geschäft mache und dann wieder einfach zurücktrotte. Dafür ist die Umgebung viel zu interessant! Lass' doch die beiden auf der Terrasse stehen und nach mir rufen! Das wird einfach überhört.

Nun hat sich doch mein Opa etwas ganz Subtiles einfallen lassen: Als Dozent hat er viele Vorträge zu halten, und er benötigt einen Laserstift, damit seine Schüler an der Wand anhand von Bildern verfolgen können, wovon er redet. Diesen Laserstift hielt er eines Tages in seiner Pranke.

Erst dachte ich, es sei was zum Fressen, aber es roch nach reinweg gar nichts.

Ich also raus auf die Pirsch. Nach einer gewissen Zeit ertönte der Ruf, der mich zurück ins Haus holen sollte. Ruft Ihr nur, ich habe noch keine Lust, wieder in die warme Bude zu kommen. So untersuchte ich gerade intensiv einen kleinen Käfer, als neben mir ein roter Punkt auftauchte.

Rocky, das gab es früher nie, sagte ich mir, vielleicht eine neue Gattung Spielzeug? Ich darauf zu. Der rote Punkt ging nach rechts – ich auch. Der rote Punkt tanzte auf dem Rasen, ich hinterher. Ich schlug Pirouetten und raste, was das Zeug hielt. Der rote Punkt war aber immer schneller und immer dort, wo ich eigentlich nicht hin wollte. Den kriege ich! Kein Thema! Das wollen wir doch mal sehen!

Ich bemerkte in meinem Wahn nicht einmal, dass ich den ganzen Rasen vor der Terrasse gelüftet hatte. So sparte mein Rudel auch glatt noch den Gärtner!

Lange Rede, kurzer Sinn: Der rote Punkt war stärker als ich und wanderte ins Haus. Völlig ausgepumpt schleppte ich mich hinterher ins Wohnzimmer, wo Opa und Oma lachend auf mich warteten. Opa dozierte unnötigerweise noch so etwas von „Siehst Du, nur so bekommt man seinen Hund in der Dunkelheit zurück" und „So bleibt selbst der faulste Hund schön schlank", aber ich achtete gar nicht mehr darauf, sondern versuchte mit letzter Kraft, die Treppenstufen zu erklimmen. Mein Herz klopfte, der Schweiß stand mir auf der Stirn, ich wusste, ich war erfolglos – die Psyche war total ramponiert, und beide lachten mich aus.

Ich beschloss kurzerhand, mein Rudel für heute Abend einfach zu übersehen. Hoch erhobenen Hauptes schwankte ich zu meinem Wassernapf und leerte ihn bis auf den Grund.

Lieber Herr Poggendorf, muss man wirklich bei Dunkelheit zurückkommen, wenn das Herrchen ruft? Auf Deine Antwort freut sich

Dein zurzeit völlig erschöpfter Rocky aus Schwabstedt"

Gedanken von Opa:

Jeder, der sich mit Bullterriern beschäftigt hat, weiß, dass Vertreter dieser Hunderasse außergewöhnlich intelligent sind. Sie lernen schnell und vergessen nichts. Aber das Schlimme ist ihr Dickkopf: Wenn sie nicht wollen, wollen sie nicht. Wenn Herumlaufen und Trödeln angesagt ist oder wenn es etwas zu Erschnüffeln gibt, dann kann das Herrchen so viel rufen, wie es will. Der Hund beendet erst das, was er sich vorgenommen hat, und dann kommt er vielleicht einmal.

Er weiß zwar, dass er ungehorsam ist, aber die Strafe wird stoisch in Kauf genommen. Ich fragte mich, wie man es so einem kleinen Kerl beibringt zu gehorchen. Rocky war zwar noch etwas klein, aber man kann ja nicht früh genug mit der Erziehung anfangen.

Ich machte mir seinen kindlichen Spieltrieb zunutze, indem ich den Laserstift holte und ihn auf Rocky ansetzte. Es war ein durchschlagender Erfolg. Damit hatte sich das abendliche Gerufe und Gesuche, wo denn der kleine Hund sich wieder einmal aufhält, erledigt. Er spielte Fangen mit dem ‚roten Punkt' und geriet dabei automatisch wieder ins Haus.

Aber Vorsicht mit dem Laserstrahl: Niemals direkt auf den Hund richten, immer 2 – 3 Meter Abstand von ihm halten, damit der Hund ihn sehen kann und seine Augen nicht getroffen werden!!

2. Rocky als ‚Halbstarker'

Es war schön zu sehen, wie Rocky sich entwickelte. Schon bald konnten wir seine guten Charaktereigenschaften erkennen. Er war uns gegenüber niemals unwillig und erkannte uns als sein Rudel an. Natürlich versuchte er hin und wieder, die Rudelordnung aufzuheben, aber er wurde schnell auf den ihm zustehenden Platz verwiesen.

Besonders hervorzuheben ist seine Gutmütigkeit. Sobald er merkte, dass er uns einen Gefallen tun konnte, war er dabei. Er hatte auch schnell herausgefunden, dass dann immer Lob und Anerkennung folgten. Er war süchtig nach Anerkennung. Nur auf diesem Wege konnten wir ihm etwas beibringen. Sein Dickkopf war ihm leider oft im Wege. Aber: Schimpfen konnte das sensible Tier kaum ertragen. Kleine Strafen nahm er stoisch hin, aber die ärgerlichen, lauten Stimmen von uns warfen ihn total aus der Bahn.

Bullterrier sind sehr gelehrige Tiere, und sie vergessen nichts, was sie einmal gelernt haben. Diese Erfahrung machten wir auch mit Rocky. Wenn er selbst nach langer Zeit zu uns kam, dauerte es kaum einen Tag, und er wusste genau, was er bei uns durfte oder nicht. War er ungehorsam, dann wollte er es einfach mal sein. Aber seine Harmoniesucht überwog, und Rocky machte uns viel Freude.

Während dieser Zeit ging er immer noch unbefangen auf Mensch und Tier zu, ohne Falsch, nur mit Freude. Er merkte zwar die Zurückhaltung und die teilweise Panik der Menschen, aber solange er in seinem Rudel war, war alles in Ordnung. Beim Spielen mit anderen Hunden war er unermüdlich, dabei aber oft grob und nicht sehr zurückhaltend. Er fügte manchem kleineren Freund schon mal eine Schramme zu. Seine ‚Flicken‘ trug er stolz zu uns, getreu seinem Motto: Schaut mal, wie schön ich gespielt habe.

Dominante Hunde wie Schäferhund und Rottweiler wollten diese ‚Kleingeburt‘ gern unterjochen. Bis zu einem gewissen Grad spielte Rocky mit. Er verhielt sich hier lieb und nett, aber sobald sie ihn besteigen wollten, stellte sich seine Rute steil nach hinten, und er zeigte ihnen, wer er war.

Er war Gott sei Dank kein ausgebildeter Kampfhund und ließ sich immer von uns berufen.

Rocky frisst nur ‚Erster Klasse‘

Kinder nein, das muss ich noch zum Besten geben. Ihr habt ja sicher schon gemerkt, dass mein Opa im Großen und Ganzen ein Super-Opa ist. Aber heute hat er den Vogel abgeschossen: Er weiß einfach zu genau, was sich kleine Hunde am meisten wünschen: Ungestört und ungehemmt und ohne Schluckbeschwerden zu fressen und zu saufen.

Stellt‘ Euch vor, er hat mir einen hundegerechten Esstisch gezimmert, wobei er die Länge der Tischbeine genau auf die Länge meiner Beine abgestimmt hat. Es ist ein wunderschöner Tisch, der ohne Rutschen und Schieben immer auf den Fliesen stehen bleibt. Es gibt auf der Auflagefläche Platz für zwei Schüsseln: Eine große Schüssel für mein Fressen, eine kleinere für mein Wasser. Drumherum ist eine Leiste, damit nichts auf den Boden fällt. Unnötig zu sagen, dass der Inhalt dieser Schüsseln immer frisch und reichlich ist. Theoretisch wäre da noch Platz für Messer, Gabel und Löffel, aber Oma sagt, diese Tischmanieren seien für mich nicht ganz so wichtig.

Jeden Tag lese ich voll Freude die für mich bestimmte Inschrift: ‚Rocky's Inn'. Ja, liebe Leute, ich habe tatsächlich einen Tisch für mich ganz alleine – weder Opa, noch Papa, noch Oma nehmen dort Platz. Ich kann in aller Ruhe vor meinem Futterplatz stehen und Fressen und Wasser genießen, ohne dass ich würgen muss oder mir das Schlucken schwer fällt.

Opa sollte damit in Serie gehen, denn meine Artgenossen würden ihm ein Denkmal setzen. Endlich mal einer, der weiß, was Hunde am liebsten mögen. Ihr könnt' Euch sicher vorstellen, wie leise und rücksichtsvoll ich jetzt beim Fressen bin. Nur ein kleines, leises ‚Schlotz-Schlotz' ist zu hören.

Ich bete jeden Tag zum lieben Gott, dass auf meinem Fresstisch immer frisches Wasser ist und dort viele, viele Leckereien liegen.

Gedanken von Opa:

Meine Frau bekam einen harten Blick, wenn Rocky mit seinem Fressnapf herumhantierte. Er rutschte damit lärmend durch die Küche und verschmierte mit seinem Fressen andauernd die Fliesen. Als erfahrener Hundehalter setzte ich mich hin und konstruierte für Rockys Größe einen Hocker mit starkem Halt und sägte zwei verschieden große Löcher hinein. Dort hatten dann zwei V2A Schüsseln ihren Platz. Rundherum wurde eine Schlingerleiste aus Holz angebracht, damit nichts mehr auf den Fußboden fallen konnte. Und siehe da, es klappte! Der Hund kann nun artgerecht fressen und saufen, und die Küche bleibt sauber. Störende Schiebegeräusche gibt es auch nicht mehr. Ich bin zufrieden! Und meine Frau freut sich.

Rocky und das große Halsband

Mein Papa ist ja nicht unbedingt der freigiebigste aller Hundehalter, besonders nicht, wenn es darauf ankommt, mich hübsch zu machen. Für Glöckchen, Rasseln, Halstücher usw. hat er nicht viel übrig. Auch mein Halsband entspricht nicht dem modischen Trend für Hunde. Ich sehe es an Opas entsetztem Blick: Das Ding scheint überhaupt nicht zu meinem Typ zu passen!

Papa erklärt lang und breit, dass so ein gefährlich aussehendes Würgehalsband mit Stacheln nach außen genau das Richtige für einen kleinen Kampfhund sei. Opa runzelt die Stirn und schweigt nur. Na, ich kombiniere messerscharf: Da kommt was nach!

Als ich Opa dann bei unserem nächsten Besuch begrüße, holt er ein kleines Paket hervor: Es riecht nach Leder, und mir wird erklärt, dass man Leder nicht fressen kann. Opa packt ein wunderschönes Halsband aus, wie geschaffen für einen Bullterrier. Nur mit der Größe hat er sich wohl etwas versehen: Das braune Ding ist zwar sehr geschmackvoll und hat glatten Nieten, aber er hat beim Kauf wohl eher an einen Bernhardiner gedacht.

Opa ist unerbittlich: Das tolle Halsband wird umgemacht. Und schon stehe ich parat in neuer Ausgehuniform und fühle mich wie ein Model auf dem Laufsteg.

Opa scheint übersehen zu haben, dass der Verschluss meines neuen Halsbandes ein wenig weit ist. Ich werde es ihm auch nicht verraten! Wer weiß, wofür dies gut ist! Auf dem danach folgenden Spaziergang schnüffle ich nach Herzenslust in den Sträuchern, bis Opa mich mahnt. Diese Mahnung überhört der kleine treue Hund natürlich. Opas Stimme wird strenger, der kleine treue Hund überhört sie wieder.

Nun zieht mich Opa an der Leine zu sich hin. He, was soll das? Ich war mit meinem Erkundungstrip noch nicht fertig! Flugs mache ich – und es fällt mir bei meiner Gestalt nicht schwer – einen langen Hals und recke die Schnauze gerade. Erfolg auf der ganzen Linie! Das Halsband rutscht ohne Schwierigkeiten über Hals und Kopf, und ich bin frei.

Ich habe Opa natürlich nie erzählt, dass ich innerlich über sein dummes Gesicht herzlich gelacht habe, als er nur das leere Halsband zu sich heranzog. Ich tat so, als ob ich am Boden etwas Wichtiges entdeckt hätte. Aber mein ganzer Körper hat vor Schadenfreude gezittert. Was kauft er mir auch solch ein Riesen-Halsband!

Leider war ich wieder schneller an der Leine, als ich erträumt hatte. Unter Schimpfen und Fluchen wurde der Heimweg angetreten. Und das Ende vom Lied: Beim nächsten Besuch im Hunde-Shop wurde mir ein anderes Halsband kleinerer Qualität verpasst!

Wenn man Halter eines Hundes ist, der aufgrund der landesüblichen Meinung nicht gerade entzückend zu nennen ist, sollte man seinen Typ nicht auch noch durch ein großes, gefährlich aussehendes Halsband unterstreichen. Es reicht schon, wenn das Tier beim Gassi-Gehen häufig verächtlich angesehen wird. Wenn auch dann noch ein Würgehalsband hinzukommt, ist es mit der Toleranz der Mitmenschen schnell vorbei.

Also musste ein dezentes Halsband her, das den gleichen Zweck erfüllt. Nur mit der Größe hatte ich mich etwas vertan. Aber das ließ sich ja noch reparieren.

Ich werde von Opa zur Kur abgeholt

Papa hat in Bottrop einen Garten vor und hinter seinem Haus. Leider muss er zur Arbeit und kann mich nicht immer dabei gebrauchen. Es ist Frühjahr, und das Wetter ist schon so schön, dass ich für ein paar Stunden im Garten angebunden spielen kann. Nicht sehr erbaulich, so ganz allein zwischen all' den Grashalmen und mit einer Leine um den Hals. Ich lege mich erst einmal nieder und begucke meine inneren Werte, träume vom Sommer und vom Baden im Baggersee.

Ein Autogeräusch kommt näher. Papa ist das nicht, seine olle Kiste kenne ich genau. Aber das Autogeräusch kenne ich auch von irgendwoher. Mir kommen vage Bilder in den Sinn. War dies nicht das Geräusch, das mit viel Spazieren gehen, tollem Fressen und unendlichen Streicheleinheiten zusammenhing, mit etwas, was ich vor langer Zeit einmal erlebt habe?

Ohren auf und Nase in die Richtung, aus der das Geräusch kommt. Bleib' cool, Rocky, sage ich mir, vielleicht will man Dich nur auf den Arm nehmen. Das Auto fährt auf den Hof. Die Autotür geht auf. Dieses Geräusch ist mir doch wohlbekannt, ist er's oder ist er's nicht? Mein Opa? Mein Don? Mein Herz klopft wie ein Schmiedehammer. Eine große Gestalt steigt aus dem Auto aus. Ich rieche – ja, ich rieche: Opa! Mein Opa! Wie ein Blitz renne ich zu ihm, das heißt, nur so weit, wie die Leine es zulässt. Ich belle, ich hüpfe, ich reiße an dem blöden Stroppen, ich will zu meinem Opa!!!

Mit ein paar Schritten ist er bei mir, nimmt mir die Leine ab, mich in den Arm, knuddelt und drückt mich, klopft mir auf die Hinterschenkel, freut sich mit mir und tüdelt immer was von „Ach mein Rocky, meine kleine Gurkennase, mein kleines Stinkerchen" oder so etwas ähnliches. Ich höre nicht genau zu, denn meine Freude über unser Wiedersehen lässt alles andere in den Hintergrund treten.

Als wir uns nach ungefähr 15 Minuten ein wenig beruhigt haben, lasse ich meinen Denkapparat aufleben. Was macht mein Opa hier? Ist die berühmte ‚Kur' angesagt? Ein kurzer, scharfer Blick auf sein Auto: Komme ich mit oder nicht?

Ich sehe, dass eine Autotür noch offen ist. Rocky, sage ich mir, übernimm' die Initiative: Mit einem kessen Schwupps bin ich im Auto, schnell nach hinten auf die Sitzbank, hingelegt und abgewartet. Wenn mich hier jemand herausholen will, muss er mit einem Kran kommen. Ich bleibe hier liegen, auch wenn die Welt untergeht!

Opa fährt mit mir los und geht mit mir spazieren, bis mir die Nase vom Schnüffeln wund ist und meine kurzen Beine nach außen knicken. So ein langer Spaziergang, und immerzu spricht er mit mir. Ich zeige ihm tolle Flecken, wo vor mir bereits viele Hunde gewesen sind. Ich weiß auch, wo Essensreste liegen.

Opa erklärt mir, dass ich ein feines ‚Happi' zu Hause bekommen werde und es nicht nötig habe, von der Straße zu fressen. OK, Opa, das ist ein Angebot, mit Dir fresse ich am liebsten. Opa kauft für mein Abendessen und für eine kleine Menschenfeier ein. Der Gepäckraum ist richtig voll.

Papa, Opa und unsere beiden Nachbarn Helga und Cuno sitzen zusammen, essen und trinken. Ich feiere kräftig mit, indem ich mir die Wampe wieder einmal ordentlich voll haue. Opa hat alles so schön zusammengemischt. Heute brauche ich mir mein Trockenfutter nicht reinzuziehen. Gut, dass Opa für mich in die Bresche gesprungen ist. Jetzt schmeckt es viel besser. Ich gebe nicht zu erkennen, dass ich genau gemerkt habe, dass Opa mir ein wenig Hühnchen mit Reis darunter gemischt hat. Papa will nämlich nicht, dass ich mich daran gewöhne. Ich könnte ja ‚krüsch' werden.

Ich mache meine Runden und lasse mich von jedem streicheln. Aber meistens liege ich bei Opa am Knie oder auf seinem Schoß. Es stört ihn nicht, wenn seine Hose dreckig wird. „Rocky, mach' die Ohren auf, das geht Dich jetzt an!" Papa und Opa haben beschlossen, dass ich mit nach Schwabstedt kann. Wie kann ein Hund bloß so viel Glück an einem einzigen Tag haben: Opa, feines Fressen und Schwabstedt?

Um es der ganzen Welt klarzumachen: Ich liebe meinen Papa über alles, ich bete ihn an, aber bei meinem Opa fühle ich mich am wohlsten. Bei ihm bin ich die absolute Nummer Eins, und er weiß genau, was ein kleiner Hund braucht; dagegen hat mein Papa immer viele ‚Weiber im Kopf', und die mögen mich auch nicht unbedingt.

Gedanken von Opa:

Es war eine unglaubliche Begegnung: Ich fuhr mit meinem Wagen auf die Auffahrt und sah Rocky bereits in höchst aufmerksamer Haltung im Garten stehen. Als ich dann die Autotür zuwarf, muss der kleine Kerl allein an ihrem Klang erkannt haben, dass es ‚Opas Auto' war. Er rannte auf mich zu, soweit es seine Leine zuließ, zerrte an ihr und sprang vor Freude in die Luft. Es war ihm egal, dass die Leine seinen Hals beinahe abschnürte. Er wollte zu mir!! Mir kamen Tränen in die Augen, weil dieses treue Wesen allein durch das Geräusch einer Autotür erkannt hatte, dass da einer kommt, den er liebt.

Jeder Hundeliebhaber, der sein Tier längere Zeit nicht gesehen hat, weiß, wie bedingungslos sich ein Hund freuen kann. Aber Rocky schoss geradezu den Vogel ab. Er konnte sich gar nicht mehr beruhigen, preschte durch den Garten, drehte Pirouetten, sprang an mir hoch, schüttelte seinen ganzen Körper und quiekte vor Freude.

Als ich später das Auto entlud und eine Tür offen ließ, sprang er einfach hinein und blieb stur auf dem Rücksitz liegen. Er wollte einfach nur mit! Mit gutem Zureden und vielen Versprechungen gelang es mir, ihn zum Verlassen seines Stammplatzes zu bewegen.

Am nächsten Tag begann dann seine ‚Kur' im Norden Deutschlands.

Rocky in Hamburg

Opa und Oma haben eine kleine Wohnung in Hamburg, direkt an der Wandse gelegen. Hier sind sie immer während der Woche, weil Oma noch arbeitet. Opa hat Zeit und unternimmt viel mit mir. Am liebsten gehe ich mit ihm im Eichtalpark spazieren. Dort sind sehr viele Hunde – vielleicht kann ich mich ja mit einem oder zweien näher befreunden. Menschen sind zwar schön und gut, aber ein kleiner Hundefreund oder eine hübsche Hundefreundin wäre das Größte. Was könnten wir für Schnüffeleinheiten austauschen?

Opa achtet immer sehr auf Benimm. Ich rieche ganz genau, was er mag und was nicht. Er mag z.B. keine Hunde, die immerzu bellen. Sein „Aus!" heißt auch wirklich Aus! Ich will ja nicht, dass er böse mit mir ist, obwohl – manchmal möchte ich noch ganz gerne vier- bis fünfmal mehr kräftig bellen. Doch wenn ich nach seiner Aufforderung schnell die Klappe halte, dann lobt er mich, und das macht mich stolz.

Opa kann mich auch ganz schön und heftig bestrafen. Er hat sich eine ganz gemeine Bestrafung ausgedacht. Ich habe ernsthaft überlegt, ob ich deswegen Herrn Poggendorf vom Hamburger Tierschutzverein anrufen sollte. Opa hat doch tatsächlich aus einer Tageszeitung, die nicht genannt werden darf, einen Prügel gebaut. Ja, einen richtigen Prügel, und dieser Prügel liegt jederzeit griffbereit. Wenn ich dann – ausnahmsweise – einmal unartig war, greift er mich, schnappt nach diesem Zeitungsprügel, raschelt damit fürchterlich und haut mir damit auf den Popo. Dabei schimpft er laut und kräftig. Und danach heißt es: „Auf Deinen Platz!" Da sitze ich dann und schmolle.

Ich muss ja ehrlich eingestehen, dass dieses komische Ding von einem Fetzen Zeitung absolut nicht weh tut und dass es in geknicktem Zustand einfach lächerlich aussieht, aber mein Magen dreht sich um, wenn diese blöde Zeitung nur raschelt und Opa im Takt dazu schimpft. Man nennt mich ja Kampfhund, ich bin wohl auch einer, aber mein sensibler Magen kann es nicht ertragen, wenn meine Liebsten mit mir laut werden. Und ich mag auch nicht zur Strafe auf meinem Platz liegen. Das tut mir innerlich so weh, dass ich in schweren Fällen aus Kummer sogar brechen muss. Ich laufe schon fort und gehe auch freiwillig auf meinen Platz, wenn Opa nur hinter sich greift. Ich weiß ja, es ist dieser schreckliche Prügel von Zeitung, den er sucht, und dieses

Rascheln in Verbindung mit seiner ärgerlichen Stimme hört sich schon im Geiste einfach fürchterlich an. Lieber soll er mir mit einer Peitsche den Rücken wund schlagen, als nach diesem Prügel greifen.

Meine Oma liebe ich sehr. Manchmal sitzt sie mit mir auf meinem Platz und spielt mit mir. Im Überschwang meiner Spielleidenschaft kam es einmal dazu, dass ich sie bespringen wollte. Sie gefiel mir einfach zu gut, und manchmal haben auch Hunde ihren Trieb nicht immer unter Kontrolle. Können Sie sich vorstellen, dass sie mir einen übergezogen hat?

Das war gemein. Ich habe mich auf meinen Platz gelegt und sie beleidigt angesehen. Nach ein paar Minuten lockte sie mich wieder, aber darauf fiel ich nicht herein. Weiber!! Sie ist schließlich nicht der Rudelführer, sie steht nicht direkt über mir wie mein Opa. Eine scharfe Ermahnung hätte es auch getan. Der Klaps stand ihr nicht zu!

Ich höre, wie sie mit Opa darüber spricht. Und mein Opa klärt sie – wohl zum hundertsten Male – über das Verhalten von Hunden im Rudel auf. Oma schluckt danach kurz und kommt zu mir auf meinen Platz. Und sie entschuldigt sich bei mir für den Klaps. Angeblich war es eine Reflexbewegung. Was immer das auch ist, ich will nicht nachtragend sein. Entschuldigung angenommen – aber das bedeutet mindestens eine halbe Stunde Schmusen. Man ist ja großzügig.

Danach hatte sie sich natürlich nie wieder über meinen Trieb zu beschweren.

Gedanken von Opa:

Wie soll man solch' einem frechen Kerlchen beikommen? Strafe soll ja sein, aber sie darf dem Tier nicht schaden. Also rollte ich eine dünne Tageszeitung zusammen und legte sie an einen bestimmten Platz.

Da Rocky genau wusste, wann und dass er ungehorsam gewesen war, merkte er auch sofort, dass Bestrafung angesagt war. Wenn ich dann diesen ‚Prügel' nur ergriff und meine Stimme erhob, rutschte er schon hektisch um mich herum. Ich konnte ihn praktisch mit diesem ‚Prügel' dirigieren. Mit eingeklemmtem Schwanz schlich er anschließend zu seinem Platz. Hatte er Unsinn fabriziert, verschwand er schnell aus dem Wohnzimmer und ließ sich für einige Zeit nicht blicken, damit ich bloß den ‚Prügel' nicht in Betrieb nehmen sollte. Nach einigen Wochen brauchte ich dieses Ding schon gar nicht mehr.

Trotz all' seiner Robustheit ist Rocky ein sehr sensibles Tier. Ich weiß, es ist schwer zu glauben, wenn man nur auf sein Äußeres achtet. Er leidet unendlich, wenn wir böse mit ihm sind. Er weint und stöhnt dann vor sich hin, und in schlimmen Fällen erbricht er. Dann schämt er sich und geht fort. Er braucht sehr viel Liebe und Zuwendung, und eine Bestrafung darf nie zu lange dauern. Er lernt schon seine Lektionen.

Bullterrier sind für Lob sehr empfänglich. Wenn sie bemerken, dass sie ihre Aufgaben gut gemacht haben und entsprechend gelobt werden, machen sie es gerne immer wieder. Nur so konnten wir Rocky ohne großen Kraftaufwand erziehen. Aus Liebe zu uns wurde er gehorsam. Es genügte dann einfach ein Fingerzeig, und er marschierte in diese Richtung, bis ich „Halt" sagte.

Wir haben alles vermieden, was ihn in irgendeiner Weise hätte scharfmachen können. Ein Bullterrier ist und bleibt ein Kampfhund, und es ist an uns, ihn so zu halten, dass kein Schaden entsteht. Es ist wichtig, dass ich den Hund führe, und nicht umgekehrt (wie man es oft bei Kleinsthunden sieht). Ich bin der Rudelführer, nicht er. Natürlich liegt es in der Natur des Hundes, dass er immer mal wieder versucht, mir diesen Platz streitig zu machen. Es liegt an mir, es zuzulassen oder nicht. Er weiß sofort, wann er ,verloren' hat und ordnet sich ohne Missmut wieder unter.

Rocky in der Wandse

Ich trödle so vor mich hin und ahne nichts Böses, als bei einem der abendlichen Spaziergänge im Park zwei große, schwarze Dobermänner auftauchen. Die beiden kennen sich gut, das rieche ich sofort. Sie kommen auf mich zu, und ich begrüße sie auf das freundlichste. Sie signalisieren mir, dass sie mit mir ,fangen' spielen möchten. Prima, wann habe ich schon dazu die Gelegenheit? Hei, was kann ich über den Rasen flitzen – erst stellt mich der eine Hund, dann der andere. Dabei laufen wir immer weiter, ich kugle mal zu dem einen, mal zu dem anderen Hund.

Was ist denn das? Fangen die jetzt an, mit mir Ball zu spielen? Sie schubsen mich hin und her, bis ich nicht mehr mitspielen mag und zu meinem Opa zurücklaufen will. Das lassen die beiden Dobermänner aber nicht zu. Dieses eingespielte Team stößt mich hin und her, ich belle und wehre mich, so gut ich kann. Sie knurren und fletschen die Zähne und jagen mich immer wieder von einem zum anderen.

Nun habe ich aber die Faxen dicke: Während des Spiels sind wir immer näher an die Wandse herangekommen. Das ist die Chance für mich, ein schneller, kurzer Sprung, und schon bin ich im Wasser. Die beiden großen, schwarzen Hunde stehen an der Böschung und schauen zu mir herunter. So, Ihr Fieslinge, das habt Ihr nun davon! Ich belle sie triumphierend an, dann sind sie verschwunden.

Jetzt nur noch raus aus dem Wasser! Aber wie geht das? Die Uferböschung ist hier gemauert, und meine kleinen Pfoten langen da nicht drüber hin. Nirgendwo finde ich Halt. Opa, mein Opa, hilf' mir schnell!! Aber wo ist er? Will er sein kleines Hundetier denn nicht retten? In schierer Verzweiflung winsle ich still vor mich hin.

Nach Millionen von Stunden sehe ich endlich Opas rundes Gesicht an der Uferböschung auftauchen. Mit beiden Händen greift er mich und zieht mich zu sich hinauf. Mein Held, mein Retter, ich bin Dir ja so dankbar. Das zeige ich ihm sofort und zielgerichtet, indem ich mich erst einmal kräftig schüttle und ihm die Hose nass und dreckig mache. Nun lass' mal das Gequake über den Zustand Deiner Hose; Du hättest Dich ja auch ein wenig mehr beeilen können.

Nie wieder spiele ich mit diesen beiden Stinktieren. Und nie wieder werde ich ins Wasser springen!

Gedanken von Opa:

Zuerst sah es wirklich so aus, als ob die beiden großen Dober-
männer nur mit Rocky spielen wollten. Ihr Herrchen munterte
Rocky sogar noch auf, auf die beiden zuzugehen. Verspielt wie
er war, machte er gleich den Pausenclown. Die beiden Hunde
waren wirklich ein erfahrenes Team, und sie wussten genau,
wie sie meinen kleinen Halbstarken ärgern konnten. Sie mach-
ten Rocky zum Spielball, er kugelte über den Rasen, wurde
von einem zum anderen gejagt und fand plötzlich das Spiel
gar nicht mehr schön.

Ich wollte gerade einschreiten, als Rocky einen gekonnten
Sprung aus dieser Umklammerung machte und voll in der
Wandse landete. Ich sprach mit dem Hundebesitzer und sagte
ihm, er solle diese Spielchen seiner Hunde nicht auch noch un-
terstützen. Eigentlich war ich der Meinung, dass mein kleiner
Tunichtgut jede Sekunde wieder auftauchen würde.

Eine vorbeikommende Hundemama rief mir zu: „Ist das
Ihr Hund, der da bald in der Wandse ertrinkt? Er kann sich
aus eigener Kraft nicht hochhieven!" Flugs rannte ich zur
Uferböschung und fand den kleinen Kerl, der sich mit seinen
Pfoten an den Steinen festgeklammert hatte. Er hatte nicht die
Möglichkeit, sich allein aus dem Wasser zu befreien.

Rocky holt Oma von der Arbeit ab

Oma arbeitet in einem riesengroßen Bürohaus in Hamburg. Jeden Nachmittag stehe ich dort mit Opa und hole sie ab. Schließlich kann man eine Dame ja auch nicht alleine im Bus nach Hause fahren lassen.

Irgendwann geht wieder einmal die große Drehtür, und ich höre ihr Pfeifen! Zack, bin ich bei ihr. Ich springe hoch und runter und möchte sie am liebsten umschmeißen. Es stört mich auch gar nicht, wenn einige ihrer Kolleginnen und Kollegen skeptisch auf mich herabschauen. Sie erkennen sofort, dass ich ein Kampfhund bin. Und einer Frau wie meiner Oma trauen sie ,solch ein Tier' nicht zu. Aber Oma kümmert sich nicht darum. Für sie bin ich das Wichtigste.

Einmal kam eine Kollegin von Oma mit, die mich unbedingt kennen lernen wollte. Das war die Tante Brigitte. Ihre Stimme war lieb, sie hat sehr nett zu mir gesprochen und mich auch gestreichelt. Endlich mal eine, die sich nicht durch Äußerlichkeiten und Meinungsmache abschrecken lässt. Mit der würde ich glatt eine Runde um die Alster drehen, und das tue ich wahrhaftig nicht mit jeder!

Unten im Bürogebäude gibt es ein Reisebüro, und dort arbeitet eine junge, hübsche Frau, die gerade meine Rasse sehr mag. Ich stehe voll auf schicke Frauen und habe mir fürs Kennenlernen von Opa ein schönes, rotes Halstuch umbinden lassen. Er meint, es strecke meinen Hals ganz gewaltig und mache mich schlank und unwiderstehlich. So aufgemotzt, gehe ich an ihr Fenster. Opa hebt mich hoch, damit sie mich auch in voller Größe und Pracht sehen kann. Ich winke mit dem Pfötchen (mit Opas Hilfe) und versuche ein gewinnendes Latinlover-Lächeln. Es hat gewirkt – sie lacht mich an!!!! Jetzt habe ich noch eine neue Freundin.

Gedanken von Oma:

Es geschieht sehr selten, dass ich auf unseren Bullterrier mit echtem Interesse angesprochen werde. Umso größer ist die Freude, wenn ich jemanden treffe, der diese Art Hunde mag und sie kennt. Ich weiß, Rocky ist ein ausgesprochen schönes Tier seiner Rasse, aber die meisten Menschen sehen es nicht oder wollen es nicht sehen. Da ich auf Rocky sehr stolz bin, macht es mich immer glücklich, wenn ich Positives von dritter Seite erfahre.

Rocky am Großensee

Opa hat mir erzählt, dass der Großensee das Wasser-Reservoir für Hamburg ist, und er meint, dass ich mich dort wohlfühlen werde. So fahren wir eines Sonntags dort hin, von wegen Naherholung. Es ist noch recht frisch am Morgen, und das Wasser glitzert silbern.

Opa, dieses Spielkalb, muss natürlich einmal wieder einen großen Stock ins Wasser werfen. Wenn er glaubt, ich schwimme hinterher, hat er sich glatt getäuscht. Jetzt krempelt er sich doch tatsächlich die Hosenbeine hoch und geht in dieses – Verzeihung – saukalte Wasser. Meint er wirklich, er kann mich locken? Der Stock in seiner Hand sieht recht verheißungsvoll aus, und ich würde eigentlich ja auch gerne ins Wasser – aber bei der Kälte? Nee, Opa, schwimm' ruhig los, ich bleibe bei Oma am Ufer. Meinetwegen kannst Du so lange mit dem Stock fuchteln, bis Du einen Krampf bekommst. Ich gehe nur ab 20 Grad Celsius ins Wasser.

Opa trocknet sich ab und schimpft wie ein Rohrspatz. Spaziergänger, Hunde und Oma lachen. Wir gehen weiter. Ich sehe am flachen Ufer etwas aus dem Wasser ragen. Da muss ich hin! So kalt ist das Wasser nun doch nicht. Als ich im Wasser stehe, höre ich irgendwo am Ufer eine Hündin bellen! Rein ins Wasser und fix losgepaddelt!

In meiner Aufregung vergesse ich ganz, dass ich doch an der Leine hänge. Ich schwimme und schwimme und schwimme, komme vor lauter Anstrengung bereits mit meinen Vorderpfoten voll aus dem Wasser und kann nicht begreifen, wieso ich nicht vorwärtskomme. Dann merke ich es: Opa hält die Leine fest. Oma brüllt vor Lachen, weil sie es komisch findet. „Schau mal Opa, Rocky will nach Amerika schwimmen!"

Opa zieht mich zurück, und ich muss leider nachgeben. Ich bestrafe beide auf das Strengste, indem ich mich ununterbrochen schüttle, damit das Wasser ihre Mäntel auch richtig nass macht. So eine Gemeinheit von den beiden, ich wollte der Hundedame zeigen, dass ich der größte Schwimmer aller Zeiten bin. Das haben mir die Alten vermasselt. Abwarten, ich räche mich!

Mit der Rache ist es so eine Sache. Kaum ist das Wort ausgesprochen, ist es schon wieder vergessen. An einer Biegung lauert bereits eine neue Hundedame. Die reagiert aber gar nicht nett, als ich sie beglücken will. Sie beißt mich einfach weg. He, ich bin ein reinrassiger Kampfhund, was könnten wir für hübsche Babys haben? Vergebens.

Wir gehen durch einen schönen Wald, und ich genieße jeden Baumstumpf und jede Bodenwelle. Es riecht und duftet, Opa und Oma stolzieren mit geschwellter Brust neben mir und freuen sich über jede meiner Bewegungen. Na ja, Euch zuliebe hopple ich noch einmal wie ein Känguruh auf und ab.

Wieder zu Hause angekommen, meint Oma, ich hätte einen Pickel am Ohr. So ein Quatsch, bin ich ein Mensch und in der Pubertät? Opa erkennt sofort, dass dies kein Pickel, sondern eine Zecke ist. Was macht man nur?

Nach den Mienen von Opa und Oma ist eine Zecke etwas Unschönes, obwohl ich nichts merke. Opa gibt ununterbrochen Anweisungen, und Oma rennt wie eine Wahnsinnige durch die Wohnung und schleppt an: Nagellack, Nagellackentferner, Watte, Pinzette und Leckerli.

Da nichts anderes zur Hand, muss Opa außergewöhnliche Maßnahmen ergreifen. Oma hält meinen Kopf sanft fest, und er tröpfelt mir Nagellack auf die befallene Stelle an meinem Ohr. Das nimmt der Zecke die Luft, so sagt er. Wir warten, bis der Nagellack trocken ist. Oma sagt mir immer wieder, was ich für ein tapferes Kerlchen bin. Weiß ich doch, ich bin schließlich schon ein großer Hund und gegen Schmerzen immun. Oma, reg' Dich nicht auf, ich bin doch auch ganz ruhig.

Dann nimmt Opa die Pinzette und packt das Hinterteil der Zecke. Durch eine gekonnte Linksdrehung hat er sie herausgezogen. Die Zecke wird genau untersucht. Alles dran – dann kann auch nichts mehr passieren.

Jetzt heißt es, ich soll ganz besonders tapfer sein. Was ist tapfer? Opa reibt mir schnell und gekonnt die Stelle mit Nagellackentferner ein. Das brennt ganz schön. Aber in Omas Arm ist das alles bestens zu ertragen. Es kommt nur ein leises „Quiek" von mir, damit die beiden nicht glauben, dass sie alles mit mir machen können und ich unendlich ertrage. Ich werde jetzt gehätschelt und getätschelt und darf zwischen ihnen auf dem Sofa Platz nehmen.

Opa und Oma schreiben sofort auf einen Zettel, dass sie morgen gleich eine Zeckenzange und mildere Utensilien kaufen wollen, damit ich diese Prozedur gegebenenfalls nicht noch einmal ertragen muss. Mit dem Leckerli unter der Zunge grinse ich in mich hinein. Was können Menschen doch für einen Wirbel machen um nichts. Schade nur, dass sie die Zecke in die Toilette gespült haben. Vielleicht wäre sie eine leckere Fleischbeilage in meinem Fressen gewesen.

Gedanken von Opa und Oma:

Die Erlebnisschilderung von Rocky spricht für sich.

Aber Sie können sich sicher unser Erschrecken vorstellen, als wir die Zecke an seinem Ohr entdeckten. Und das an einem Sonntagnachmittag und mit einer Erste-Hilfe-Ausrüstung, die mehr als einfach zu nennen war! Mit unseren Hilfsutensilien gingen wir vorsichtig und mit äußerst schlechtem Gewissen zu Werke. Das Gefühl, dem Tier aufgrund mangelnder Ausrüstung in solcher Form Schmerzen antun zu müssen, drehte uns den Magen um.

Rocky muss gleich gemerkt haben, dass wir ihm helfen wollten, denn er sperrte sich in keinster Weise und ließ alles über sich ergehen. Er legte sich gottergeben auf die Seite, ließ die Zecke mit Nagellack bestreichen und zuckte nicht einmal, als sie mit der Pinzette herausgezogen wurde. Ihn störte weder der Geruch des Nagellacks noch das Procedere des Herausziehens. Bei der anschließenden hammermäßigen Desinfektion zuckte er lediglich leicht zusammen.

Wir wissen, dass Bullterrier unempfindlich gegen Schmerzen sind, aber dieses schlichte Hinnehmen rührte uns zutiefst. Anschließend spielte er noch ein wenig den Kranken, weil ja Kranke besonders gut behandelt werden. Wenn wir abwesend waren, benahm er sich ganz normal. In dem Moment, wo einer von uns um die Ecke schaute, brach er förmlich wieder zusammen und wartete auf Streicheleinheiten.

Es ist unnötig zu sagen, dass wir gleich am nächsten Tag eine Apotheke aufsuchten und einen kleinen Notkoffer zusammenstellten, damit wir allen Eventualitäten in der Zukunft gewachsen sind, und der kleine Kerl nie wieder nur mit Nagellack und Nagellackentferner behandelt werden muss.

Rockys Freunde sind die ‚Penner'

Ich bin fast schon ein großer Hund und kann ganz gut unterscheiden, was Stadt und was Land ist. In der Stadt sind Opa und Oma mit mir recht gehandicapt. Sie lassen es mich nicht merken, aber wenn die beiden glauben, ich checke das nicht, dann sind sie wirklich ‚von gestern'. Ich rieche schon den Unterschied.

In der Stadt sind die Menschen nicht so großherzig wie auf dem Lande in Schwabstedt. Dort ruft man mir immer ein fröhliches „Moin, moin" zu und erkundigt sich nach meinem Wohlbefinden. Ich werde voll als Lebewesen akzeptiert, man begegnet mir mit Freundlichkeit und hat immer eine Hand zum Streicheln frei.

In der Stadt darf ich dies nicht und das nicht. Der Unterschied ist gravierend. Vielleicht gibt es dort aber auch zu viele Hunde auf engstem Raum, und vielleicht sind einige dieser Hunde auch schlecht erzogen. Da will ich mich nicht drüber auslassen. Ich weiß nur, dass Opa und Oma Regeln aufstellen, an die ich mich zu halten habe. Etwas unbequem, das Ganze, aber ich möchte, dass sie stolz auf mich sind.

Wenn ich – meistens begleitet von Opa – Gassi gehe, geht es zuerst auf die – Entschuldigung – ‚Kackwiese‘. Es ist ein kleiner Naturgürtel um die Wandse, der dem Staat Hamburg gehört. Da gibt es keine Fußgänger, keine Erholungssuchenden, keine Quaksäcke und keine Kinder. Dort kann ‚Hund‘ sich entspannt ‚auspupern‘. Meine beiden Alten möchten nicht, dass ich die Spazierwege und die Beete im Park verunziere.

Also: Zuerst wird auf der ‚Kackwiese‘ das ‚Puperchen‘ gemacht. Gerne stromere ich lange Zeit hier umher und tue so, als ob meine Verdauung zu wünschen übrig lässt. Wenn Opa dann energischer wird, gebe ich nach und erledige mein Geschäft. Dann geht es auf die Pirsch! Das ist das Schönste für mich, und kein Drang stört meinen Spaziergang.

Es fällt auf, dass mir die ‚ordentlichen Bürger‘ mit oder ohne Hund aus dem Weg gehen. Sie sehen einfach über mich hinweg oder pfeifen ihre Hunde an, mich nicht zu beachten. Manchmal wechseln sie sogar die Straßenseite. Ich spüre förmlich, wie es Opa und Oma weh tut. Mein

Gott, ich würde ihnen und ihren Hunden schon nichts tun. Manche Hunde sind genauso feige wie ihre Herrchen. Ich rieche auch förmlich, wie andere Hunde ihre Herrchen führen. Da frage ich mich, was das wohl für Rudelführer sind. Die könnte ich niemals achten. Ich bin stolz und zufrieden mit meinem Opa, der mir immer wieder zeigt, wo ‚Bartels den Most herholt'. Ja, den kann ich anerkennen, und für den tue ich alles.

Bei all' meinen negativen Begegnungen mit einigen dummen Menschen habe ich eine wesentliche Erfahrung gemacht: Die Menschen, die von den ‚ordentlichen Menschen' missachtet werden, die mögen mich und gehen mir nicht aus dem Weg. Opa sagt, man nennt sie ‚Penner'. Klar, sie riechen nicht so gut wie die gewaschenen Typen, aber sie sehen in mir einfach die Kreatur, die der liebe Gott geschaffen hat. Ich bin hässlich, und ich bin ein Kampfhund. Aber ich habe auch eine Seele und ein liebebedürftiges Herz. Das haben die klar erkannt! Jungs, ich darf leider in keine Kneipe, aber wenn ich es könnte, würde ich einen ausgeben! Ihr habt mir gezeigt, dass Ihr Euch nicht von Vorurteilen leiten lasst. Danke für Eure Großherzigkeit und Eure freundlichen Worte.

Auch vielen Dank dafür, dass Ihr mich bei meinem Namen gerufen habt, wenn ich vorbeistromerte. Ich habe mich gerne von Euch streicheln lassen. Ihr habt bei mir einen Stein im Brett. Dies nicht zuletzt, weil Ihr meine Oma, wenn sie mit mir vorbeikam, immer so nett begrüßt habt.

Sie hat mir verraten, dass man den Menschen zuerst ins Herz sehen sollte. Alles andere sei oft Zivilisationstünche und ginge beim ersten Regen gleich ab. Durch mich, so sagt sie, lernt sie viele Menschen mit Größe kennen, aber auch solche, die keine inneren Werte haben. Ist das Philosophie? Oma will sich nicht im Detail äußern, aber ich verstehe sie irgendwie schon.

„Der Hund passt so gar nicht zu Ihnen!"

Kinder, das hättet Ihr miterleben müssen!! Meine Oma, die jedem Streit aus dem Weg geht, hat sich aufgebläht wie ein Lama! Es hätte nicht viel gefehlt, dann hätte sie auch noch gespuckt!

Also: Oma geht mit mir am frühen Nachmittag im Park spazieren. Natürlich bin ich, wie es das Gesetz will, an der Leine. Aber Oma lässt mir immer viel Leine und hält mich nur kurz, wenn Personen und Tiere sich nähern. Ich schnüffle so vor mich hin und genieße den Frühling mit all' seinen sagenhaften Gerüchen, als ich merke, wie ein Mann meine Oma anzubaggern versucht.

Sein „Guten Tag" nehme ich noch ohne Zucken hin, aber als ich dann höre, wie er meine Oma anmacht in dem Sinne: "Der Hund passt ja so gar nicht zu Ihnen, wie kommen Sie denn zu dem?" werde ich langsam böse. Gott sei Dank stelle ich fest, dass meine heißgeliebte Oma ihm gleich Paroli bietet – nun brauche ich nicht einzuschreiten. Oma haut ihn an: „Ja, er ist ein Bullterrier, und er ist nicht so schön wie ein Pudel. Aber er gehört in unsere Familie. Er wird artgerecht gehalten und wird artgerecht sterben. Aber erst dann, wenn seine Zeit gekommen ist. So lange werde ich für ihn sorgen und für ihn kämpfen. Für mich ist er der liebste Hund auf der ganzen Welt!"

Oma, ich sehe erst jetzt, wie schön Du bist, wenn Du wütend wirst. Ich weiß ja, dass Du mir nie erlauben würdest, dem Kerl in den Hintern zu beißen. Aber stell' Dir nur mal vor, wie er dann weglaufen und kreischen würde! Da hätten wir viel zu lachen.

Danke für Deine Verteidigung. Es war nicht nur Verteidigung – es war Liebe. Oma, mein Leben lang passe ich auf Dich auf! Ich werde in Zukunft noch wachsamer sein. Ich will Dir auf meine Art das zurückgeben, was ich von Dir empfange.

Gedanken von Oma:

Es ist Rockys Aufgabe, mich zu beschützen, wenn der Rudelführer nicht da ist. Bei Dunkelheit ist er besonders wachsam. Nähert sich eine Person von hinten, bleibt er einfach neben mir stehen und wartet, bis sie vorbeigegangen oder -gefahren ist. Erst dann trabt er wieder los. Kommt jemand von vorne, verringert er seine Laufgeschwindigkeit, bis ich mit ihm auf gleicher Höhe bin. Dieses Verhalten entspringt seinem Instinkt; wir haben es ihm nie beigebracht.

Ich werde manchmal in rüder Weise auf Rocky angesprochen, und die Abneigung gegen ihn ist vielfach von vornherein zu spüren. Er hat bei vielen Menschen keine Chance, und einige hätten ihn am liebsten erschossen gesehen. Mir bleibt dann nur seine verbale Verteidigung, aber immer so in der Form, dass Rocky sich nicht in seiner Beschützerrolle angesprochen fühlen kann.

Rocky und der Baumfrevler

Oh, Oma, ich muss Dir gleich berichten, was ich heute Abend erlebt habe: Es war schon dunkel, und mein Opa hatte mich an der Leine. Ich hatte wieder mein schönes Halsband um, an dem die vielen Lichter blinken, damit ich überall, wo ich hinlaufe, im Dunkeln auch erkennbar bin. Opa ist schon ein schlaues Haus. Ich finde, das Halsband schmückt ungemein.

Um uns herum waren weit und breit weder Mensch noch Hund zu sehen, und ich konnte ungehindert herumstromern.

Plötzlich sah ich, wie neben mir ein großer Baum umfiel, und ich hörte das Krachen. Was war da los? Opa rief mir zu: „Rocky, was ist?" Klar, ich bin nicht nur ein Kampf- sondern auch ein Wachhund! Meine Ohren gingen in die Höhe, mein Schwanz stand pfeilgerade – was ging hier vor?

Ich sah eine dunkle Gestalt fortlaufen. Natürlich ein Mensch – so etwas würde kein Hund machen! Ich hinterher! Fast strangulierte ich mich an meiner Leine. Der Mensch merkte wohl, dass ich ihn entdeckt hatte, lief über den Spazierweg und über die Uferböschung direkt in die Wandse hinein! Er sprang in den Fluss und durchquerte ihn, während ich vom Ufer aus laut und zornig hinter ihm herbellte.

Was fällt dem Kerl ein, einen Baum zu fällen! Das ist ja Baumfrevel – wo bleibt da die Polizei? So etwas gehört sich nicht. Ich darf nicht einmal im Park ‚pupern' und muss überall meine Leine umhaben – dann darf er schon gar nicht einen Baum dort fällen.

Opa war auch recht stolz auf mich, ich merkte es daran, wie er mit mir sprach, als wir den Heimweg antraten. Ja, Oma, ich bin schon wirklich zum Erschrecken! Nur bei Dir und bei Opa bin ich das ‚liebe Röcky' oder ‚Röckelchen' oder ‚Röckymaus'. Ich gestehe, dass diese Kosenamen ganz schön unpassend für mich sind, aber sie erfreuen doch mein kleines Hundeherz.

Ich hätte ja …. Opa, geh' Du voran!

Frühmorgens gegen 7.30 h bin ich schon mit Opa im Park und genieße die frische Luft. Mein ‚Puperchen' habe ich auf bekanntem Platz bereits gemacht, und ich bin voll Erwartung auf alle neuen Abenteuer.

Da kommt doch tatsächlich ein riesengroßer, schwarzer Rottweiler auf mich zu – natürlich unangeleint. Ich bin an der Leine. Rocky, bleib' ruhig, sage ich mir, lass' Dich nicht provozieren!

Der Hund kommt auf mich zu – sein Herrchen ist weit entfernt und könnte nie eingreifen. Der Rottweiler versucht doch tatsächlich, an meinem Hintern zu schnüffeln. Alle Heiligen der Welt, weiß er denn nicht, was das bedeutet? Glaubt er tatsächlich, nur weil er größer und stärker ist, dass sich ein Bullterrier dies gefallen lässt? Opa ruft noch in seiner gutmütigen Art: „He, ruf mal Deinen Hund zurück, sonst passiert was!" Das Herrchen des Rottweilers sieht nur mitleidig auf meine Größe und grinst schlichtweg. Aber: Blitzschnell habe ich mich umgedreht und hänge dem Rottweiler mit meinen Zähnen an seiner Kehle. Zubeißen tue ich nicht – er hat seine Chance!

Opa, plötzlich von Panik ergriffen, reißt mich an der Leine zurück und zieht mich hinter sich. Mann, Opa, was soll das? Dem hätte ich es doch mit links gezeigt! OK, wenn Du nicht willst, dass ich es mache, dann mach' Du es selbst – und mach' es besser! Fast hätte ich noch die Vorderpfoten gekreuzt, um dadurch meine Meinung zu unterstützen, aber das hätte mein Opa als Provokation ansehen können. Also warte ich ab, was kommt.

Ich sehe, wie Opa leicht erschrocken schaut, als der Rottweiler endlich begreift, was passiert ist: Er, der große Hund, hat sich von einem kleinen Köter besiegen lassen! Diese Schande will er natürlich ausmerzen. Aber es gibt keinen kleinen Köter mehr! Der sitzt nämlich jetzt hinter seinem Opa und wartet ab.

Der Rottweiler, beschämt und böse, stürzt sich auf meinen Opa. Und Opa – wie bekannt, der beste Rudelführer aller Zeiten – nimmt es mit dem Rottweiler auf: „Hörst Du jetzt auf, jetzt ist Schluss!" Scharf gesprochen, Kampfhaltung bei Opa, böser Blick, und der Rottweiler kriecht zu Kreuze und lässt sich von seinem Herrchen anleinen.

Opa, mein Opa, Du hast Dein kleines Rudeltier beschützt. Aber wie gesagt: Wenn Du nicht eingetreten wärst, hätte ich es auch erledigt.

Gedanken von Opa:

Ja, das war wirklich eine haarige Situation, eine Situation, die nie vorkommen sollte, und die doch hin und wieder passiert. Ein frei herumlaufender Rottweiler wagte es doch tatsächlich, bei Rocky am Hinterteil zu schnüffeln. Klar, dass sich ein so selbstbewusster Hund das nicht gefallen lässt.

Ich rief dem fremden Herrchen zu, seinen Hund zu berufen und anzuleinen. Der lächelte überheblich und reagierte nicht. Ich sah, wie Rockys Schwanz waagerecht steif stand, für mich ein klares Angriffszeichen. Ohne weitere Vorwarnung machte Rocky plötzlich eine Blitzdrehung und hing seinem Gegner an der Kehle. Weil ich dies schon fast vorausgesehen hatte, riss ich ihn sofort zurück und konnte so Schlimmeres verhindern.

Meine Reaktion war eigentlich verkehrt – ich hatte meinem Hund das Gesicht genommen. Aber hätte ich nicht so gehandelt, wäre der Gegner jetzt vielleicht verletzt oder tot.

Rocky baute sich spontan hinter mir auf, und ich konnte förmlich seine Gedanken lesen: „Ich hätte es ja gemacht, ich hätte Deine Hilfe nicht gebraucht – aber nun mach' Du es!"

Der Rottweiler war immer noch perplex und begriff erst langsam, was passiert war. Er war nun wieder frei und sann auf Rache. Da kam ich als Mensch ihm gerade richtig. Mit all' seiner Wut wollte er sich auf mich stürzen. Sein Herrchen und ich hatten gut zu tun, dieses zu verhindern. Während der ganzen Zeit saß mein kleiner Hund, ohne sich zu bewegen, hinter mir und beobachtete uns. Ich hatte das Gefühl, dass in seiner Mimik Schadenfreude war.

3.   Rocky als erwachsener Hund

Wir sehen Rocky natürlich mit den Augen der Liebe. Objektiv können wir bestätigen, dass er eines der schönsten Exemplare seiner Rasse ist. Er konnte alle seine guten Eigenschaften ausbauen. Sein Körper ist durchtrainiert, sein Fell glänzt, und er läuft stolz neben uns her. Er weiß, dass er seine Aufgaben und Pflichten gut erfüllt, aber er fordert auch seine Rechte ein.

Es gibt wohl keinen Hund, der aufdringlicher gucken kann als ein Bullterrier, wenn Gassi-Gehen angesagt ist. Und Sie müssten ihn einmal erleben, wenn sein Fressnapf noch leer ist. Dann steht er stur davor und steckt vorwurfsvoll seine Schnauze in die Schüssel. Er meldet sich zwar nicht, aber die ganze Haltung des Tieres ist eine einzige Aufforderung, sofort seinen Fressnapf zu füllen.

Wir sind glücklich, dass Rocky gesund und in sich ‚rund‘ ist.

Als erwachsener Hund läuft er nicht mehr so unbekümmert auf Mensch und Tier zu. Er hat seine Erfahrungen gemacht, und die waren nicht immer positiv. Er wartet nun in freundlicher Position ab, was da auf ihn zukommt. Prinzipiell ist er immer bereit, Freundschaften zu schließen und mit jedem Hund zu spielen. Wenn er ein negatives Signal bekommt, zeigt er in manchen Fällen schon mal die Bürste. Vielfach dreht er auch einfach ab. Die Aufforderung: „Rocky, das übersehen wir einfach!" ist für ihn ein Signal, stur geradeaus zu schauen. Wenn er etwas nicht sieht, braucht er auch nicht zu reagieren.

Er hat sich seinem Rudel noch enger und intensiver angeschlossen. Wir spüren, dass er ein zufriedener und ausgeglichener Hund ist. Hingebungsvolle Blicke lassen uns das Herz warm werden. Und wer glaubt, ein Bullterrier hat keinen Augenausdruck, der täuscht sich ungemein. Rockys Augen sprechen von Achtung, Hingebung und Liebe, können aber auch außerordentlich beleidigt blicken.

Seine Schmuseanwandlungen, die er als Welpe hatte, hat er nie aufgegeben. Jetzt liegen satte 21 kg auf unserem Schoß, und er will wie eh und je genauso verwöhnt werden. Er fordert, falls wir übersehen, dass Schmusezeit ist, die Streicheleinheiten rigoros ein. Keine Haltung auf unserem Schoß ist ihm zu unbequem, es stört ihn auch nicht, wenn sein Hintern nach unten hängt und er langsam gen Fußboden rutscht.

Er erkennt jeden Menschen sofort wieder. Er begrüßt die ihm freundlich gesonnenen wie seine besten Kumpel und lässt sich von ihnen verwöhnen. Unsere Nachbarn sind für ihn Onkel und Tanten, und er weiß genau, welcher Nachbar ein Leckerli dabei hat und wer nicht. Unser Postbote ist sein bester Freund, denn er hat nicht nur immer etwas zum Naschen dabei, er hat auch eine Hündin, und die würde Rocky gern vernaschen.

Rocky und die Kühe

Opa nimmt mich in Schwabstedts Umgebung wieder einmal mit auf Wanderschaft, damit ich wirklich alles kennen lernen kann, was ein Hund so wissen muss. Wir marschieren beide in strammer Haltung einen Feldweg entlang, und ich zeige Opa, wie gut ich bei Fuß gehen kann. Opa freut sich über meine Fortschritte – aber seine Freude ist nicht von langer Dauer:

Plötzlich sehe ich auf einer Weide eine Horde schwarz-weiß-gefleckter Monster! Solche Ungeheuer habe ich noch nie gesehen. Neugierig wie ich bin, renne ich auf die Wiese. Opas Rufen höre ich zwar, aber wen interessiert schon sein Rufen, wenn es etwas Neues zu entdecken gilt!

Ich laufe auf diese Monster zu und schaue sie mir genau an. Was ist denn das? Die laufen nicht vor mir weg? Bin ich ein Kampfhund oder keiner? Wo bleibt da der Respekt? Und was ist das jetzt? Sie laufen nicht nur nicht fort, sondern kommen langsam auf mich zu! Schwarzweiß-gefleckte Monster, und es werden immer mehr. Hunderte, nein Tausende sind bereits im Anmarsch.

Du lieber Gott, wie verhält man sich da? Jetzt bildet die Bande sogar einen Kreis um mich, und dieser Kreis zieht sich immer enger zu. Opa, mein Opa, was sagtest Du einmal: „Augen zu und durch!"? Ich ziehe die Lider über meine Sehschlitze, nehme meinen ganzen Mut zusammen und renne mit aller Kraft auf eines dieser Monster zu.

Glück gehabt, es geht beiseite – ich kann diesen unheimlichen Kreis durchbrechen. Außerhalb des Kreises zeige ich wieder Leben und belle alle Monster kurz und kräftig an, in der Hoffnung, dass sie davonlaufen. Aber was geschieht? Sie kommen erneut auf mich zu, bilden wieder einen Kreis, und ich stehe ein zweites Mal hilflos in ihrer Mitte.

Diese Dinger geben fürchterliche Geräusche von sich; es hört sich wie „Muuuh, muuh" an. An ihren Mäulern fließt der Sabber herunter, und ihre Augen sind riesengroß und braun. Sie schaukeln zwischen ihren Beinen fleischfarbene Ballons, an denen wie bei einem Sputnik Tentakeln heraushängen. Sind das ihre Geheimwaffen?

Wie komme ich aus dieser Bredouille bloß wieder heraus? Verflixt noch einmal, wie können diese Monster sich bloß gegen solch eine kleine Kreatur wie mich verbünden? Wissen die denn gar nicht, wie gefährlich ich sein kann?

Da – eine kleine Lücke zwischen all' diesen Beinen! Himmel hilf, ich wage den Ausbruch!

Gelungen! Und wie von Taranteln gestochen, renne ich schnurstracks zu meinem Opa! Ich erwarte von ihm Beistand und Verständnis. Aber was geschieht? Er lacht und lacht und lobt meine Tapferkeit überhaupt nicht!

Jetzt bin ich beleidigt. Schließlich entrann ich gerade schrecklicher Gefahr. Und nun muss ich mir auch noch anhören, dass ich gefälligst Kühe (so heißen wohl diese Monster) in Ruhe zu lassen habe.

Kühe, was sind schon Kühe? Zukünftig werde ich diese Kreaturen überhaupt nicht mehr beachten. Und wehe, es wagt sich auch nur eine in meine Nähe! Am besten ist es, ich übersehe sie alle, dann können sie mich auch nicht sehen.

Gedanken von Opa:

Es geschah dem kleinen Tunichtgut ganz recht, dass die Kühe in ihrer Gesamtheit ihm gezeigt haben, wo seine Grenzen liegen. Es hätte sonst sehr viel Energie gebraucht, ihm beizubringen, dass er nicht auf Wiesen zu rennen hat. Kein Landwirt sieht es gerne, wenn seine Tiere gescheucht werden.

Nun läuft mein kleiner Frechling brav am Wiesenrain entlang und schaut kurz auf, wenn er auf den Wiesen Tiere sieht. Bewegen sich dort mehrere, schaut Rocky nur geradeaus, denn was er nicht sieht, braucht er auch nicht zu fürchten.

Rocky bei ‚Opa und Oma Keks'

Mein Opa hat auch noch eine Mama und einen Papa, die sind schon uralt, aber sie mögen gerne Hunde. Sie haben einen kleinen Chihuahua. Weiblich, zickig, verwöhnt und hochnäsig, und sie heißt Daisy. Sie verschwindet immer unter dem Sofa, wenn ich erscheine. Leider kann ich mit meinem dicken Hintern nicht auch unter das Sofa kriechen. Mein Gott, was hätten wir für schöne Nachkommen produzieren können. Lauter kleine Bullhuahuas.

Ich bin schon oft bei ‚Opa und Oma Keks' gewesen. Sie geben mir immer gleich Wasser und natürlich alle Kekse, die in ihrem Haushalt verfügbar sind. Daher nenne ich sie auch so. Manchmal sind es die alten Kekse, die schon etwas muffig riechen und die ‚weg' müssen. Aus reiner Höflichkeit fresse ich sie natürlich auch und lasse mir nichts anmerken.

Mein Opa sagt, ich soll vorsichtig mit ‚Opa und Oma Keks' umgehen und nicht so toben. Sie haben mich lieb, können aber nicht so mit mir schmusen, wie es jüngere Leute tun. Eben, weil sie sich nicht mehr so bücken können.

He, Ihr beiden süßen Alten, Euch kann mit Leichtigkeit geholfen werden!

Ich warte jetzt immer, bis sich die beiden in ihre Sessel gesetzt haben. Dann inszeniere ich meinen Auftritt: Ich setze mich genau zwischen die beiden, immer direkt in die Mitte. Dann können sowohl ‚Oma als auch Opa Keks' mich beide streicheln. Wenn ‚Oma Keks' in die Küche geht, um Keks-Nachschub zu holen, robbe ich ganz nah an ‚Opa Keks' heran. Hinlegen kann ich mich nicht, sonst kommt er mit seiner Hand nicht an mich heran. Also mache ich brav mein ‚Sitz' und lege meinen Kopf passend für seine Hand an seinen Sessel. Es klappt immer! ‚Opa Keks' weiß genau, wo am Hals ich gerne gekrault werden mag. Er riecht ein wenig wie mein richtiger Opa, nur etwas älter. Am liebsten würde ich auf seinen Schoß kriechen, aber man sagt, ich sei zu schwer für ihn. Auch wenn ‚Opa Keks' nicht mehr so richtig sprechen kann, so fühle ich doch, wie gut er es mit mir meint. Man muss nicht unbedingt etwas sagen, wenn das Gefühl füreinander stimmt.

Selbst ‚Oma Keks‘ legt die Kekse direkt auf ihren schönen, wertvollen Perserteppich. Wenn ich da bin, bin ich einfach das Wertvollste. Ob der Teppich dreckig wird oder nicht, ist in diesem Moment uninteressant. Leute, das ist Liebe!

Gedanken von Opa:

Es war rührend mitanzusehen, wie sich Rocky auf diese beiden alten Menschen eingestellt hatte. Vom Löwen wurde er zum Lamm. Er spürte sofort instinktiv, dass er mit den beiden vorsichtig umgehen musste. Er placierte sich so, dass entweder von meiner Mutter oder von meinem Vater eine Hand für ihn abfiel.

Wenn mein Vater sich unter großen Schwierigkeiten erhob, war Rocky sofort zur Stelle. Er begleitete ihn durch die Wohnung, so, als ob er ihn stützen wollte. Saß mein Vater in seinem Sessel, legte Rocky den Kopf zwischen seine Beine, schaute ihn einfach nur lieb an und ließ sich streicheln. Mein Vater war glücklich; Rocky natürlich auch.

Meine Mutter hat stets unendlichen Keksvorrat, wenn sie weiß, dass Rocky zu ihr kommt. Gleich nach der Begrüßung peilt Rocky – mit für ihn unaufdringlichem Blick – das Vorratslager im Sideboard an. Er streicht wie ein rolliger Kater meiner Mutter um die Beine, und ich bekomme Angst, weil sie über ihn stolpern könnte.

Rocky bei Omas Papa

Auch meine Oma hat noch einen Papa, und den haben wir besucht. Da gibt es dann auch eine Tante Helene. Beide sind etwa so alt wie ‚Opa und Oma Keks'. Ich bekomme vor dem Klingeln immer wieder eingetrichtert, dass ich brav und lieb sein soll und nichts umwerfen darf. Mann, das kann ich schon singen!

Kaum bin ich in der Bude, steht Tante Helene schon da mit einem Hundeknochen! „Ei Rocky, was habe ich da für Dich?" Wohlerzogen, wie ich bin, heuchle ich Begeisterung. Das ist ein Knochen für Kleinsthunde! Ein Happs, und ist er verschwunden. Um sie glücklich zu machen, knabbere ich eine Viertelstunde an diesem Ding herum, dann habe ich die Faxen dicke und schnappe den Witz-Knochen. Ab in den Magen!

Tante Helene ist sehr hektisch und will sich immer mit mir beschäftigen. Eigentlich möchte ich lieber neben Opa Bernie auf der Couch liegen. Doch Tante Helene ködert mich mit allerhand Leckereien. Sie lockt mich in die Küche, und was holt sie hervor? Den herrlichen Rest vom Mittagessen! Sie hat für mich noch 2 Rouladen mit Soße und Kartoffeln, und ich mache mich darüber her. Schlotz, schmatz, solch eine Art von Gastfreundschaft bete ich an!

Meiner Oma muss die Ruhe in der Küche verdächtig vorgekommen sein, denn plötzlich steht sie da, sieht die ganze Geschichte und schimpft. Ich sei ein Fress-Sack, ich dürfe nicht so viel essen, ich hätte bereits zu Hause genug

gehabt, usw. Oma, cool down, lass' eine Ausnahme zu, sieh'
doch, wie sich Tante Helene freut! Du sagst sonst immer,
man soll nett zu alten Leuten sein. Und ich war nur höflich.
Schließlich sollen die beiden Alten nicht immer nur Reste
essen! Nebenbei: Es hat prima geschmeckt!

Mit dick angespanntem Bauch torkle ich zurück ins
Wohnzimmer, gefolgt von meiner aufgebrachten Oma.
Opa Bernie sitzt auf der Couch und grinst nur. Er ist mein
Retter in der Not! Mit letzter Kraft hieve ich mich auf das
Sofa hinauf. Springen kann ich nicht mehr, dazu ist der
Bauch zu voll. Opa Bernie hilft mir ein wenig, damit meine
Hinterbeine auch auf das Sofa kommen, und schon liege ich
an seiner Seite, meinen Kopf auf seinen Beinen, lasse mich
kraulen und verdaue. Was Oma erzählt, interessiert mich
überhaupt nicht mehr, schließlich bin ich jetzt unter Opa
Bernies Fittichen, und Opa Bernie ist Chef hier! Basta und
Ende! Oma hat hier nichts zu sagen! Das habe ich gleich
gecheckt!

Nun kommt Tante Helene aus der Küche und setzt sich
mit aufs Sofa. Sie möchte mich auch am Kopf kraulen, und
ich soll mich umdrehen. Aber sie ist mir zu unruhig, und
so bleibe ich bei Opa Bernie auf den Beinen liegen. Meine
Entscheidung wird nicht respektiert, denn schon zankt
Tante Helene, dass Opa Bernie ihr das Tier nicht gönnt.
Sie möchte es auch einmal haben. Mein Gott, was für ein
Theater! OK, ich bin ja Kumpel, und Streit mag ich nicht.
Für 5 Minuten lege ich mich genau in die Mitte. Dann ist
sie dran. Aber nur 5 Minuten. Danach möchte ich meine
Ruhe wieder haben!

Irgendwann zum Kaffeetrinken kommt dann ein junger Mensch dazu. Er ist Omas Neffe und heißt Lutz. Ziemlich unreif, dafür aber lang. Ich sehe seine Neugierde auf einen Kampfhund, aber auf der anderen Seite merke ich auch seine Angst. So ein Quatsch, ich rieche doch, dass er zum Rudel gehört. Großzügig, wie ich bin, verzichte ich darauf, ihn mal kurz anzubellen und ihm Angst zu machen.

Opa und Lutz gehen dann mit mir Gassi. Opa erklärt, was es mit einem Kampfhund so auf sich hat und wie man ihn behandeln muss. Der Junge hatte noch nie mit Hunden zu tun, zeigte sich nach Opas Meinung aber lernfähig, und so durfte er meine Leine halten. Ich tue so, als ob ich ihm gehorche. Kinder, nein, bläht der sich auf vor Stolz! Er glaubt tatsächlich, er würde mich beherrschen können. Hahahaha! Beherrschen können mich nur Opa und Papa, vielleicht noch Oma, aber sonst keiner.

Gedanken von Oma:

Rocky liebt Ruhe und Ausgeglichenheit. Bei meinem Vater fand er sie. Seine Lebensgefährtin wurde lediglich akzeptiert, weil sie ihn mit Leckereien lockte.

Meinem Neffen war unser Hund nicht so recht geheuer, aber neugierig war er schon. Rocky hat natürlich seine Angst gespürt. Aber er sah auch, dass Lutz irgendwie ‚zum Rudel' gehörte. Da war es für ihn eine Selbstverständlichkeit, Lutz entgegenzukommen.

Mittlerweile darf Rocky sogar bei ihm im Bett liegen.

Was ist ein Bastard?

Ich bin wieder einmal in Hamburg. Wenn wir abends Gassi gehen, ist es schon dunkel. Oma polkt mir als erstes meine Ausrüstung an, dann geht's ab in den Fahrstuhl und raus in Richtung Wandse.

Auf der Straße herrscht immer ein lebhafter Verkehr, es stinkt und viele Menschen sind unterwegs. Da kommt uns ein kräftiger Mann besten Alters mit einem Westhighland-Terrier entgegen. Eine Hundedame, ich rieche es schon von weitem!

Wir sind noch ungefähr 20 m von ihr entfernt – ich mal wieder an der kurzen Leine – da reißt doch der Mann seine Hündin beiseite und kreischt voller Panik: „Los, komm' hierher! Hierher!" Die Hündin bellt und kläfft, bleibt aber stehen und dreht sich in meine Richtung.

Das muss ich nun doch sehen – also los. Der Mann wird noch hektischer und reißt an der Leine seines Tieres. Die Hündin wird immer lauter und kläfft die ganze Tonleiter rauf und unter. Es ist nicht mitanzuhören.

Da wird Oma energisch: „Los Rocky, komm', beachte den Bastard einfach nicht!" Solch ähnliches Kommando kenne ich ja schon. Also recke ich meine Schnauze voll in den Wind, erhebe mein Haupt und stolziere an den beiden vorbei. Schließlich komme ich aus bestem Hause! Sollen sie auch gerne sehen, wie gut ich erzogen bin. Von mir ist kein Mucks zu vernehmen.

Was höre ich da noch für einen hohen Diskant? „Das ist kein Bastard, das ist ein reinrassiger Westhighland-Terrier!" Oma lässt sich nicht beeindrucken: „Mag ja sein, aber ein schlechterzogener!" Und wir beide marschieren hocherhobenen Hauptes, strammen Fußes und in holder Eintracht Richtung Eichtalpark. Denen haben wir's aber gegeben, was Oma?

Wenn wir zurückkommen, frage ich Opa gleich, was ein Bastard ist.

Rocky und der Selbstmörder-Rüde von der Gattung Yorkshire-Terrier

Ich gehorche ja wirklich gern meinem Opa auf jedes noch so kleine Wort, aber er bringt mich damit oft an die Grenzen meiner Leidensbereitschaft. Was muss ich mir eigentlich von all' den unmöglich erzogenen Kötern noch gefallen lassen? Muss ich wirklich alles, wirklich jedwede Demütigung hinnehmen und darf nie zu erkennen geben, dass ich ein Hund mit Stolz bin und rangmäßig weit über ihnen stehe?

In unserem Haus in Hamburg wohnt eine ältere Dame mit einem Yorkshire-Terrier-Rüden. Ich habe wirklich nichts gegen diese Gattung Hund – sie sind so unwichtig, dass ich sie normalerweise einfach übersehe.

Dieser kleine Rüde ist nun wirklich das Urbild eines unerzogenen Hundes! Treffe ich ihn zufällig irgendwann beim Herumstromern, wo er ohne Leine ist, verschwindet er schnell und ohne einen Laut in ein Gebüsch und ist für mich nicht zu sprechen. Nun gut, er hat seinen Stellenwert erkannt, und ich lasse ihn einfach in Ruhe. Und so marschiere ich, ohne ihn zu beachten, vorbei.

Sein Frauchen ist aber wohl der irrigen Ansicht, sie müsse ihren Hund vor mir beschützen. Mann, wenn sie mir doch nur einmal zugeschaut hätte: Ich gebe mich mit solch' unwichtigen Kreaturen gar nicht ab! Also nein, entgegen jeder Hunderegel reißt sie ihren Yorkshire-Terrier auf ihre Arme. Da sitzt nun diese kleine Kröte breit und bräsig und bläht sich fürchterlich auf. Er sieht sich von seinem Frauchen beschützt und bellt von hoch droben wie ein Riese. Sein Gebell wird immer lauter, bissiger und ekliger. Muss ich mir das gefallen lassen? Hier wird jede Hunderegel außer Kraft gesetzt.

Gedanken von Opa:

Es ist klar, dass sich ein ausgebildeter Hund wie Rocky das Verhalten eines solch kleinen Kläffers nicht gefallen lässt. Wäre er ein Schäferhund oder Rottweiler, könnte er sich artgerecht wehren und den Kleinen in die ihm zustehenden Schranken verweisen. Aber er ist nun einmal ein Kampfhund. Und ich muss wieder dafür sorgen, dass ihm von Seiten der Menschen nichts Schlimmes geschehen kann.

Ich spreche das Frauchen des Yorkshire-Terriers an und bitte sie, ihren Rüden weder auf den Arm noch an die Leine zu nehmen, wenn ich mit Rocky vorbeikomme. Mein Hund ist an der Leine und somit unter Kontrolle – es kann nichts passieren. Darüber hinaus – ihr kleiner Hund verschwindet und kneift den Schwanz ein, wenn er unangeleint Rocky gegenübertritt. Bei diesem richtigen Tierverhalten passiert nichts. Rocky ‚übersieht‘ den kleinen Kläffer und geht weiter.

Nimmt das Frauchen ihren Hund jedoch auf den Arm oder an die Leine, vollzieht sich mit dem Yorkshire-Terrier eine fürchterliche Wendung: Er wird zum reißenden Löwen und bellt Rocky in einer Kampfesart und -weise an, die sich kein gesunder Hund gefallen lässt. Der kleine Yorkshire-Terrier plustert sich auf und wird von Sekunde zu Sekunde giftiger. Das kann nicht gut gehen.

Rocky erzählt weiter:

Eines Morgens komme ich gerade – feldmarschmäßig angeleint – mit Opa von meinem Spaziergang zurück. Wir warten auf den Fahrstuhl. Endlich kommt er. Die Tür geht auf. Was sehe ich dort? Die ältere Dame und ihr kleiner, unverschämter Yorkshire-Terrier sind drin. Der Kläffer ist natürlich unangeleint.

Sein Frauchen nimmt sekundenschnell vor Schreck ihren Hund an die Leine. Im selben Moment wird er zum Löwen. Sein aggressives Bellen ist unerträglich. Es hallt fürchterlich in dem engen Fahrstuhl. Da platzt mir der Kragen, und ich werde stehenden Fußes mich jetzt auf ihn stürzen! Eine geschickte Drehung mit dem Kopf, und ich bin frei von der Leine! Nun kann der aber was erleben!

Im gleichen Moment spüre ich nur noch ein schweres Gewicht, und ich werde unter Massen begraben. Mir wird beinahe schwarz vor Augen: Opa hat sich auf mich gestürzt! Mit all' seinen 110 kg! Ich kann kaum noch Luft holen. Ratzfatz bin ich wieder an der Leine. Schade, dem Winzling hätte ich es gerne einmal gezeigt.

Gedanken von Opa:

Wenn ein Hund so falsch erzogen wurde wie dieser Yorkshire-Terrier, kann es zu einer solchen Eskalation kommen. Mein Hund war angeleint wie immer, und ich weiß bis heute nicht, wie er es geschafft hat, sich von seinem Halsband zu befreien. Mir blieb nur noch die Möglichkeit, mich auf meinen Hund zu stürzen, um zu verhindern, dass er den Yorkshire-Terrier in zwei Stücke beißt.

Ich tat es, um meinen Hund zu schützen, denn wer hätte für dieses eigentlich normale artgerechte Verhalten bei einem Kampfhund Verständnis gehabt? Der Yorkshire-Terrier war zweifelsfrei der Verursacher (bzw. sein Frauchen), aber mein Hund hätte ihn verletzt bzw. tot gebissen und wäre angeklagt worden.

Zukünftig wurde Rockys Halsband noch enger geschnürt und vor jedem Ausgang sorgfältig überprüft.

Immer wieder begegnen wir Hunden, die sich wirklich schlecht benehmen. Man kann beinahe schon die Faustregel aufstellen: Je kleiner, desto unerzogener. Es ist ganz offensichtlich, dass viele Hunde ihre Herrchen und Frauchen führen und nicht umgekehrt, so wie es sein sollte. Vielleicht liegt es daran, dass diese Tierchen als besonders niedlich und süß angesehen werden und man ihnen daher vieles durchgehen lässt. Sie haben keine Aufgaben und kennen keine Regeln.

Und die stolzen Tierbesitzer wundern sich dann, wenn ihre Vierbeiner machen, was sie wollen. Sie gehorchen nicht, provozieren aber andere Hunde, wenn sie die Hand ihres Besitzers als Fortsetzung der Leine hinter sich wissen. Und es gibt immer ein großes Geschrei, wenn ihre Provokation auch mal erwidert wird.

Begreifen diese Menschen eigentlich nicht, wie gefährlich ihre Lieblinge leben? Sie sollten schnellstmöglichst den Größenwahn ihrer Tiere unterbinden. Aber nein, sie freuen sich auch noch, wenn Putzi oder Mausi durch ihr Gekläffe Leben zeigen und sind stolz, wie ‚tapfer' der Fiffi ist. Dabei sind es schlicht und einfach potentielle Selbstmörder.

All' diese Hundebesitzer sollten per Gesetz gezwungen werden, einen Hundeführerschein zu machen!

Rocky und die schlimmste Strafe – der Maulkorb

Nun ist es Gesetz, Kampfhunde müssen einen Maulkorb tragen und immer an der Leine sein! Das ist wirklich die größte Strafe meines Lebens!

Papa setzt mir so ein Ding auf, das wie eine abgeschnittene, unten abgerundete Tüte aussieht. Ich rieche überhaupt nichts mehr! Das Zeug muss ab! Ich versuche, es mit den Pfoten von meinem Kopf abzustreifen. Warum bestraft man mich so? Ich habe doch keinem etwas getan! Hilfe, lieber Herr Poggendorf, der kleine Rocky ist todunglücklich. Das ist ja kein Hundeleben mehr!

Opa kommt mich in Bottrop besuchen und sieht voll Mitgefühl, wie schlimm es mir geht. „Rocky, mein Kerlchen, daran musst Du Dich leider gewöhnen! Da kann ich Dir nicht helfen. Ich weiß, wie schrecklich das ist!" Ich schaue ihn nur ununterbrochen an und wimmere leise. Er schnappt sich die Leine und fährt mit Papa und mir zu einem Hundeshop. Hinein – mit Leine und Maulkorb. Ich kann nur ahnen, wie lecker es dort riecht. Immer habe ich dieses Plastikzeugs vor der Nase. Es sammelt sich Wasser dort und macht mir das Atmen schwer. Es ist mir unmöglich, über meine Zunge zu hecheln.

Opa und Papa lassen sich von einem Verkäufer ausführlich beraten. Sie sehen sich verschiedene Maulkörbe an und entscheiden sich dann für einen aus plastikartigem Stoff. Er sieht Gott sei Dank nicht so aus wie die Tüte, die ich jetzt umhaben muss. Der neue Maulkorb wird mir angehalten, aber er passt nicht recht für mich. Für eine Bullterrier-Schnauze gibt es weder Massenware noch ein Pariser Modell. Opa versichert mir, dass wir das schon hinkriegen werden. Er bezahlt, sucht mir noch ein paar Häppchen als Schmerzensgeld aus und fährt uns wieder zurück.

Neben Opa auf dem Sofa – ohne den Maulkorb – geht es mir gleich besser. Ich habe volles Vertrauen in seine handwerklichen Fähigkeiten. Er nimmt die Bänder vom neuen Maulkorb auseinander, schneidet sie auf meine Schnauzenlänge zu und vernäht alles mit einem Spezialfaden und einer dicken Nadel. Seine Finger sind ganz blutig, so schwer geht das. Aber Opa gibt nicht auf, denn mir soll es gut gehen!

Endlich ist das Ding fertig. Opa stülpt es mir über. Ganz schön fest an beiden Seiten, und meine Schnauze wird durch einen starken Riemen gehalten. Ich kann wieder Luft holen und schnüffeln. Zubeißen geht auf keinen Fall, aber das hatte ich ja auch nie vor! Opa hat alles so konstruiert, dass ich mir sogar ein kleines Leckerli reinziehen kann, wenn ich dieses Folterinstrument umhabe.

Aber auch diese Luxusausführung stört mich unendlich, und am liebsten würde ich das Ding auf den Mond schießen. Meine Lieben wollen mir die ganze Sache schmackhaft machen und appellieren an meine Eitelkeit. Sie sprechen von meiner Ritterrüstung und dass ich sehr fein damit aussehen würde. Kinder, nein, das ist zwar lieb von Euch, aber freuen kann ich mich nie darüber.

Kein Hundefräulein wird mich je erhören, und wenn ich anderen Hunden an den Popo will, brüllen die nur so vor Lachen!

Gedanken von Opa:

Da war es, das Gesetz, dass Kampfhunde ab sofort Maulkorbzwang und Leinenpflicht unterliegen.

Wir mussten dem nachzukommen, alleine, um Rockys Leben zu sichern. Nur wirkliche Hundeliebhaber wissen, was das für ein Tier bedeutet. Ich habe Rocky noch nie so unglücklich erlebt, und dieser Zustand dauert bis heute an. Ich will gar davon reden, wie mir das Herz schwer wird, mein lustiges und freundliches Tier so leiden zu sehen.

Nun trug er anfangs auch noch einen Maulkorb, in dem seine Schnauze wie in einer Plastiktüte verschwand. Das ist in meinen Augen Tierquälerei, und ich kann mich nur wundern, dass eine solche Konstruktion überhaupt auf den Markt kommen darf! Jeder Hund muss die Möglichkeit haben, über seine Zunge zu schwitzen und Gerüche wahrzunehmen.

Wir hatten große Schwierigkeiten, für einen Bullterrier einen passenden Maulkorb zu finden. Eine Version schien mir für Rocky veränderbar zu sein. Ich schnitt die Seitenriemen für die Schnauze zurecht und passte auch den Riemen, der sein Maul umspannen sollte, dem Umfang entsprechend an. Mit einem Spezialfaden wurde alles zusammengenäht. Rocky erhielt praktisch eine Maßanfertigung.

Nur, glücklich ist er auch damit nicht. Kein Hund ist mit einem Maulkorb zufrieden. Sie ertragen ihn lediglich, weil sie dazu gezwungen werden und um dem Herrchen zu gefallen. Jeder Maulkorb nimmt dem Tier den größten Teil der Lebensqualität, und er kann vielfach seine Aufgaben nicht mehr ausführen.

Rocky versucht seit Jahren, sich den Maulkorb abzustreifen, wann immer er ihm angelegt wird. Er läuft nicht mehr freudig vorweg, sondern beschäftigt sich nur damit, das lästige Ding loszuwerden. Immer wieder versucht er, mich mit flehendem Blick zu bewegen, ihm zu helfen. Oh, mein kleiner Kamerad, wie gerne würde ich es tun. Aber es geht nicht. Wir müssen Dir für die Öffentlichkeit diese Bürde auferlegen, aber Du kannst nicht verstehen, warum wir es tun. Ich sehe in Deinen Augen immer wieder die Frage: Warum, Opa, warum? Ich bin doch ein ganz Lieber und habe noch nie etwas Böses getan!

Rocky mit dem kaputten Bauch

Ich weiß ja schon seit langem, dass mein Opa kein Angsthase ist und immer das sagt und tut, was ihm richtig erscheint. Aber so wütend habe ich ihn selten gesehen:

Ich bin bei meinem Papa in Bottrop. Es ist wieder einmal ‚Rocky, allein zu Haus' angesagt, und ich bin gerade dabei, mir mein Futter selbst zu mischen: Ein bisschen Wasser, ein bisschen Happi, ein bisschen Wasser, ein bisschen Happi …. Plötzlich klingelt es an der Wohnungstür. Ich stürme also, die letzten Brösel vom Futter noch am Maul, hin. Die Stimmen und Gerüche erkenne ich genau! Papa hat mir doch glatt verschwiegen, dass heute Opa und Oma anreisen. Nun sind sie da, und ich kann ihnen nicht aufmachen! Gott sei Dank hat Opa einen Schlüssel, und ich kann die beiden gebührend empfangen. Na, da hol' doch der Teufel die Wurst, wenn das nicht bedeutet, dass eine neue ‚Kur' angesagt ist!!!!

Vor lauter Wiedersehensfreude rase ich im Garten auf und ab und lasse mich von den beiden hin- und herjagen. Ich verhalte mich ein wenig gemäßigter als üblich, weil mein Unterteilchen schmerzt. Die beiden sollen es nicht merken, denn wer spricht schon gerne über sein Unwohlsein?

Als erstes gehen Opa und Oma mit mir spazieren, damit ich ein ‚Puperchen' mache. Nach ungefähr 5 Minuten finden sie, dass ich mich merkwürdig verhalte. Beide wundern sich nicht wenig und gehen kopfschüttelnd mit mir zurück.

Bald darauf sitzen sie mit ihren Freunden Helga und Cuno in einer schönen kühlen Laube und feiern ihr Wiedersehen. Natürlich bin ich der größte Hahn im Korb, aber ich zucke immer zurück, wenn Opa oder Oma mich hochheben wollen. Wie schon gesagt, mir tut mein Bauch sehr weh.

Plötzlich greift mich Opa und beschaut mich von vorne nach hinten und von oben nach unten. Was er da sieht, lässt ihn blass werden: Ich bin auf dem Bauch über und über mit Pusteln bedeckt, die blutig sind oder eitern. Opas Stimme wird ganz ruhig vor lauter Besorgnis. „Gisela, bring' schnell eine Verdünnung aus Essig und Wasser, der Kleine muss sofort versorgt werden!"

Oma rennt, sucht alles zusammen, und ich kann verarztet werden. Kerl, Kerl, was ist das für eine Erleichterung! Ich spüre es sofort, als Opa mich mit einem feuchte Essigtuch abtupft. Wie habe ich darauf gewartet! Opas sonst so liebe braune Augen werden zu gefährlichen Dschingis-Khan-Schlitzen, als er kundtut, welche Takte er meinem Papa erzählen wird.

Ich habe jetzt schöne Stunden: Dreckig, wie ich bin, liege ich entweder auf Opas oder Omas Schoß, mache ihre Hosen schmutzig und lasse mich wie eine Diva behandeln. Immer wieder kommt Opa mit seiner Essig-Mischung und gibt mir Linderung. Das Jucken hört auf, und die beiden stellen fest, dass auch die Rötungen ein wenig zurückgehen.

Als dann mein Papa kommt, hält mir Oma die Ohren zu. Was Opa meinem Papa jetzt sagt, sei nichts für mein sensibles Gemüt. Opa muss ganz schön hart gewesen sein, denn mein Papa sieht sehr geknickt aus. Ich beachte ihn nur wenig, denn schließlich hätte er es ja auch schon vor Tagen merken müssen.

Am nächsten Morgen erlebe ich einen meiner größten Triumphe: Ich darf in Opas Auto steigen und fahre mit den beiden Alten ‚auf Kur'. Ich brauche wohl nicht extra zu betonen, dass ich auf der Fahrt nach Schwabstedt ganze 5 Stunden in Omas Armen lag. Meine Wunden heilten fast wie von selbst!

Gedanken von Opa:

Ich war außer mir! Es kann doch nicht angehen, dass mein Herr Sohn nicht bemerkt hat, dass sein Hund Schmerzen hat und sich unwohl fühlt! Bullterrier sind relativ schmerzunempfindlich und geben nicht kund, wenn etwas nicht stimmt. Allein beim Spazieren gehen hätte sein Unwohlsein auffallen müssen. Auch bei Berührungen zuckte er immer zurück. So etwas ist ungewöhnlich bei Rocky. Spätestens da hätte mein Sohn aufwachen müssen! Rockys Pusteln heilten aufgrund der Behandlung schnell ab, und sein Unterteilchen war nach kurzer Zeit wieder glatt und schier.

Rocky beim Tierarzt

Manchmal ist mein Opa ein rechter Angsthase! Kaum sind wir in Schwabstedt, hat er auch schon einen Termin beim Tierarzt in Husum. Er will nicht nur meine restlichen Pickel auf dem Bauch untersuchen lassen, nein, es interessiert ihn ungemein, warum ich so oft Galle spucke. Ich weiß gar nicht, was er hat, schließlich schlecke ich mein Erbrochenes doch immer wieder auf, so dass er fast keine Arbeit davon hat!

Außerdem habe ich auch noch eine Entzündung zwischen den Zehen. Ja, Ihr seht, mein Opa untersucht mich regelmäßig! Er hat gleich eine Menschen-Heilsalbe auf die Wunde getan, und damit ich sie nicht wieder abschlecke, bekam ich einen dicken Verband. Oben drauf malte Opa ein großes, rotes Kreuz. Er ist nun mal ein Spielkalb!

Der Tierarzt in Husum ist ein sehr lieber Mensch! Er lässt mich in aller Ruhe auf dem Behandlungstisch Platz nehmen, und er weiß genau, was ich brauche. Als erstes bekomme ich eine Spritze, die ich natürlich mit links aushalte. Es wird nicht einmal zusammengezuckt. Als er Opa und Oma aufklärt, worum es sich bei mir handeln könne, bin ich schon nicht mehr so recht bei der Sache. So eine Praxis beinhaltet vielerlei Gerüche, und da ist man doch ein wenig abgelenkt. Wenn ich damals nur zugehört hätte ....

Herr Dr. Bischoff hat genaue Anweisungen für die Weiterbehandlung gegeben. Von Parasiten im Darm war da die

Rede, aber – wie gesagt – für mich eigentlich uninteressant. Opa steckt sich ein paar Sachen in die Tasche, die wohl für mich bestimmt sind, und ab geht's nach Hause.

Dort lockt mich der hinterhältige Opa mit einem kleinen Fleischklops. Für mich eines der leckersten Dinge der Welt – ein Happs, und schon ist er im Magen. Was ich nicht wusste, war, dass in diesem unscheinbaren Fleischklops eine Mega-Pille versteckt war. Opa schmunzelt ein wenig, und meint, dass es ,wohl gleich losgehen würde'.

Kurz nach dem Herunterschlucken überkommt mich ein Grummeln im Magen. Plötzlich sind Schmerzen und Unwohlsein da. Ich muss mich hinlegen. Jetzt bin ich fertig mit der Welt! Liebevolles Streicheln und nette Worte richten mich nun auch nicht mehr auf. War es nicht eine Frechheit, mich so zu hintergehen? Hätte man mich nicht rechtzeitig aufklären können?

Lasst mich alleine sterben. Für Euch habe ich nur noch Verachtung übrig. Ruhe, keine Streicheleinheiten mehr, keine Getöne von wegen, dass es bald besser wird. Ich will jetzt nur noch schlafen und mein Bauchgrimmen vergessen.

Ich glaube, ich habe sehr lange geschlafen. Nun klappe ich meine Augen auf und sehe die Umgebung noch leicht verschwommen. Opa und Oma sitzen neben mir und freuen sich, dass ich wieder aufgewacht bin. Mannomann, was für ein Theater! Darf ein kleiner Hund nicht mal mehr schlafen? So viel Lärm um nichts. Ich schüttle mich und gehe als erstes zum Wassernapf. Mein Geist ist wieder total klar, und mein Bäuchi ist ruhig und in Ordnung. Alles ist vergessen, und ich bin gesund! Was werde ich beim Spaziergang heute Abend rennen können!

Gedanken von Opa und Oma:

Wir sprachen morgens darüber, mit Rocky einfach einmal eine generelle Untersuchung beim Tierarzt zu machen. Außerdem hatten wir eine Entzündung an der Vorderpfote zwischen den Zehen entdeckt. Die Wunde wurde gesäubert, behandelt und verbunden. Natürlich ,pusteten' wir bei der Pfote die Schmerzen fort, so wie man es bei kleinen Kindern macht. Aus Übermut malten wir auf den Verband ein rotes Kreuz.

Rocky gefiel der Verband außerordentlich. Es war putzig zu sehen, wie er gleich mitspielte. Er hielt uns immer wieder die verletzte Pfote hin, und wir mussten pusten. Zwischendurch trabte er durch die Wohnung, verlor seinen Verband, kam zu uns zurück und hielt uns wieder die Pfote hin – diesmal die unverletzte, und wir pusteten und pusteten. Dieses Spiel ging dann auch noch im Auto weiter. Mal die verletzte Pfote, dann wieder die unverletzte. Es war ihm egal, Hauptsache Aufmerksamkeit.

Der Tierarzt diagnostizierte Darmparasiten und gab uns entsprechende Medikamente mit. Es gab keine Schwierigkeiten, dem gefräßigen Rocky diese Pillen einzuverleiben – einfach in eine kleine Frikadelle stecken oder mit Käse umwickeln, schon ist sie geschluckt.

Als die Pillen zu wirken begannen, hat er sehr gelitten. Er sah uns nur vorwurfsvoll an, als ob er uns die Schuld an seinem Bauchgrimmen geben wollte. Nach einem ausgiebigen Genesungsschlaf wachte er freudig auf. Alles war vergessen, er war fit und frech wie immer, und unser Hund hat nicht wieder gebrochen.

Auf Biegen und Brechen – ich bleibe in Schwabstedt

Wieder ist ein herrliches Weihnachtsfest für mich vorbeigegangen. Es waren Tage der Völlerei, ich habe getobt, bin regelmäßig Gassi gegangen, habe alle meine Liebsten um mich gehabt, und ich bin fest der Überzeugung, dass ich eigentlich an den lieben Gott schreiben müsste, damit es immer Weihnachten bleibt.

Am zweiten Weihnachtstag wurde beschlossen, dass ich wieder einmal einige Wochen bei Opa und Oma verbringen darf. Darüber bin ich sehr glücklich, denn mein Papa hat immer so wenig Zeit für mich. Wegen seiner Arbeit, der vielen Weiber und so. Da ist es hier ganz anders. Hier bin ich der Lebensmittelpunkt.

Oma packt für Papa noch dies und jenes ein, wunderschöne Leckereien, für die er eigentlich überhaupt kein Faible hat. Oma, altes Haus, lass' die Sachen hier, die können wir uns auch gut einverleiben. Aber Oma lässt nicht mit sich reden: Das ist für Papa, das ist für den Hund! Nun gut, ich weiß ja, dass da noch genügend für mich übrig bleibt.

Also, Rocky, gib' Ruhe und pass' auf, dass Papa schnellstmöglichst geht. Denn dann brechen die feinen Zeiten an.

Papa verabschiedet sich jetzt von Opa und Oma, nimmt all' seine Geschenke und leider auch die Lebensmittel mit, drückt mich noch einmal kräftig, spricht von „dicker, fetter Mettwurst, die brav bleiben soll" und geht aus dem Haus zu seinem Auto. Opa steht auf dem Eingangspodest und winkt zum Abschied. Damit nichts schief geht, dränge ich mich stark gegen sein Bein, damit er ja nicht auf die Idee kommt, mich doch noch zu meinem Papa zu schicken. Ein kurzes Schwanzwedeln zum Abschied, dann bin ich im Haus verschwunden. Mein Platz ist auf der Couch, wohin sicherlich auch gleich mein Rest-Rudel kommen wird.

Sekunden später sinken Opa und Oma koma-ähnlich auf die Couch: „Man freut sich, wenn er kommt, aber man freut sich auch, wenn er geht. Es ist doch sehr anstrengend!" Klar Leute, aber jetzt beginnt die feine Zeit! Ich bin nicht anstrengend!

Ein bis zwei, drei Streicheleinheiten habe ich bereits genossen, als ich plötzlich höre, wie sich da ein Schlüssel in der Eingangstür dreht. Rocky, sage ich mir, hier kommt Dein Auftritt! Da bist Du gefragt, denn das kann nur ein Einbrecher sein. Heutzutage kommen die Burschen schon am helllichten Tage!!

Ich also mit einem Schwupps von der Couch und im Geschwindemarsch aus dem Wohnzimmer auf den Flur. Und was sehe ich? Ich traue meinen Augen kaum! Ja, ist denn der Papa von allen guten Geistern verlassen, dass er hier nach 5 Minuten schon wieder aufkreuzt? In mir ist alles Empörung! Was will der denn noch? Mich etwa doch wieder mitnehmen? Opa kommt ebenfalls auf den Flur und fragt, was los ist. Ich stelle mich demonstrativ zwischen Opas Beine und mache auf äußerst unerfreut. Papa soll sich nicht einbilden, dass ich mitkomme. Ich werde auch nicht auf ihn zulaufen!

Papa sagt, dass er sein Handy irgendwo vergessen habe. Wo, weiß er natürlich nicht. Nun geht für diesen Knecht auch noch 'ne Hausdurchsuchung los. Oma findet das Handy schließlich unterm Kopfkissen in seinem Bett. Ich stehe immer noch zwischen Opas Beinen. Dort bekommt man mich nur mit roher Gewalt und unter starkem Protest fort. Endlich steckt Papa sein Handy ein und marschiert wieder raus, ohne Aufforderung für mich, mitzukommen. Der Motor seines Autos springt tatsächlich an, und weg ist er.

„So, nun haben wir Ruhe", sagt Opa und lässt sich genießerisch wieder auf die Couch fallen. Sicherlich hat er in meinen Augen gelesen, wie froh ich war, dass Papa wieder abgehauen ist. Ums Verrecken wäre ich nicht wieder mit ihm zurückgefahren. Ich habe schließlich ein Recht auf ‚Kur'.

Gedanken von Opa:

So entschlossen habe ich Rocky noch nie erlebt! Als er den Schlüssel in der Tür hörte, war er natürlich wieselflink auf dem Flur. In dem Moment, wo er seinen Papa erkannte, blieb er mit einem Ruck stehen. Er stemmte tatsächlich seine Beine

gegen den Boden, wurde steif und rührte sich nicht. Dann lief
er zu mir und stellte sich genau zwischen meine Beine. Gleiche
Position wie vorher beschrieben. Ich spürte beinahe seine innere
Empörung.

Als unser Sohn sich dann erneut verabschiedete, kam Rocky
noch nicht einmal mit zur Tür. Schnurstracks rannte er ins
Wohnzimmer und sprang auf die Couch.

Hitze auf dem Lande – aber deswegen gehe ich nicht ins Wasser

Gott im Himmel, wie kann es in Nordfriesland heiß sein!
Alle reden vom Schwimmen und Baden in der Treene.
Überall gibt es Erholungssuchende, eisschleckende Touristen und braungebrannte, lachende Kinder mit weißblonden
Haaren. Opa und Oma wollen mit mir an eine abgelegene
Badestelle gehen, wo es keine anderen Menschen gibt.
Frechheit, wo ich doch so gerne nach jungen Mädchen in
Bikinis schaue! Aber eigentlich mag ich kein Wasser. Lieber
wühle ich mich in die Erde, auf dass ich dort vielleicht noch
ein wenig Feuchtigkeit finde.

Was quatscht mein Opa da für einen Unsinn? Ich stinke,
ich würde mich zu oft kratzen, ich müsse gewaschen werden? Spinnt er denn total? Ich hasse Waschen und Shampoonieren. Ein Rüde muss schließlich riechen!

Was ist das? Opa holt eine große, schwarze Maurerbütt,
lässt sie mit warmem Wasser vollaufen, holt ein Spezial-

Hundeshampoo aus dem Haus und lockt seinen kleinen treuen Hund. Locke Du nur, Du Verräter – bei mir gibt es im Fell keinen Dreck, keine Flöhe und auch keine Läuse. Pass' gefälligst auf Deine Haut auf, da hast Du genug zu tun. Und los geht die wilde Jagd! Aber jede Flucht hat einmal ein Ende, und schließlich schleppt mich Opa in dieses Ungeheuer von Bütt. Hinlegen tue ich mich auf gar keinen Fall, ich winde mich wie ein Aal, aber trotzdem werde ich von allen Seiten nass.

Nun schmiert mir Oma eine stinkende Soße auf mein Fell. Sie spricht von wohlriechendem Shampoo, aber mir graust es. Soll sie sich doch selbst damit waschen! Die Massage am ganzen Körper tut recht gut, das will ich nicht abstreiten. Der Rest hingegen ist eine Unverschämtheit! Schaum bildet sich an meinem ganzen Körper, und ich möchte mir meine Nase am liebsten mit der Pfote zuhalten, aber ich brauche alle 4 Beine zum Abwehren. Opa und Oma halten mich überall fest und traktieren mich von beiden Seiten. Jetzt kommt Opa mit einem langen Wasserschlauch und spritzt mich auch noch ab. Oma als seine Komplizin lässt mich einfach nicht los. Ich kann treten und mich winden, sie wollen mich scheinbar total sauber sehen!

Endlich ist die Prozedur vorbei. Ich werde aus dem Wasser gehoben. Ich bin nass wie eine Ratte. Oma, Du Rabenaas, Du kannst jetzt auch mit Deinem besten Badetuch kommen, es ist Schluss! Ich schüttle mich, so oft und gut, wie ich nur kann. Die beiden sollen so nass werden wie ich, damit sie erkennen, was sie ihrem kleinen, treuen Hund angetan haben! Voller Wut sehe ich, dass die beiden sich nicht ärgern, sondern nur lachen und sich dazu auf die Schenkel schlagen.

Jetzt weiß ich, was ‚Hund‘ zu tun hat: Zack, bin ich zwischen ihren Armen entfleucht. Rauf ins Schlafzimmer, hinauf auf ihrer beider Betten. Ich wälze mich aus Herzenslust darauf herum, und es ist mir völlig egal, ob die Betten nass werden oder nicht. Jetzt sollen sie auch mal erleben, wie scheußlich Nasses ist. Anschließend – als trockner Hund – lege ich mich einfach im Gästezimmer auf Papas Bett. Die beiden Alten können in ihren nassen Betten die Nacht ohne mich verbringen!

Gedanken von Opa und Oma:

Als Rocky wieder zu uns kam, kratzte er sich über alle Maßen, und sein Fell sah nicht besonders gepflegt aus. Also sannen wir auf Abhilfe. Der kleine Kerl wehrte sich gegen das Waschen, so wie wir es noch nie bei Hunden erlebt hatten. Es war volle Konzentration angesagt, damit wir die Badeprozedur durchziehen konnten. Er wand sich wie ein Aal und versuchte immer wieder, uns zu entwischen. Wir siegten auf der ganzen Linie, mussten aber für den Rest des Abends mit seiner Verachtung leben.

Am nächsten Morgen schnüffelten wir an ihm herum und erklärten, dass er ganz wunderschön riechen würde. Da reckte und streckte sich unser eitler Fratz und stellte sich professionell zur Schau.

Opa ist unbelehrbar – ich mag doch keine Swimmingpools

Verdammt heiß immer noch, der Sommer in Schwabstedt! Ich habe noch nicht einmal Lust, mit Opa und Oma im Ort spazieren zu gehen.

Ich hatte bereits vor einigen Tagen ja erfahren, dass bei den beiden die Reinlichkeit groß geschrieben wird. Ich habe erlebt, wie nach dem Waschen an mir herumgeschnüffelt wird und wie man mir erzählte, wie gut ich riechen würde. Quatsch! Ein Rüde hat nicht gut zu riechen! Die männlich-herbe Note ist gefragt! Wenn ich ehrlich zugebe, finde ich das alles im nachhinein gar nicht so schlecht, denn mein Fell ist weich, und das Jucken auf der Haut ist auch weg. Nur, das erzähle ich natürlich keinem!

Ich liege wieder einmal in aller Ruhe unter der großen Markise auf ‚meinem' Liegestuhl, ganz nah bei Opa. Oma buddelt im Garten.

Plötzlich kommt Opa auf Touren! Was schleppt er denn da an? Ein blau-weißes Gedöns aus Plastik, und er fängt an, es aufzublasen. Was das wird? Irgend so ein Gebilde von Swimmingpool, 2 x 3 m groß und mehr als 50 cm hoch. Wenn er etwa glaubt, dass ich zur Erfrischung dort hineingehe, dann hat er sich getäuscht. Ich heuchle absolute Uninteressiertheit. Oma kommt hinzu und stellt fest, dass dieser Swimmingpool für einen kleinen, unschuldigen Hund wie mich nichts ist. Ich könne darin ertrinken. Recht hat sie! Opa zieht nur kurz seine Stirn zusammen und haut mit dem Auto ab. Oma und ich spielen schön auf dem Rasen. Vom Swimmingpool ist zwischen uns überhaupt nicht die Rede, obwohl er bereits mit Wasser volläuft.

Irgendwann kommt Opa zurück und öffnet eine große Verpackung. Und was hat er da drin? Einen Swimmingpool für Hunde! Schön bunt und klein, und kein Hund kann jemals darin ertrinken. Er erklärt Oma groß und breit, wie schön ich es im Wasser haben werde, und wie glücklich ich mich zu schätzen hätte, einen so treusorgenden Opa zu haben. Mensch Opa, Du alter Schwede, das brauche ich alles nicht! Niemals nicht gehe ich in diesen Pool! Versuche gar nicht erst, mich mit Leckerli zu ködern!

Der Mini-Pool ist nun aufgeblasen und steht auf der Terrasse. Ich werde aufgefordert, dort hineinzugehen. Erst freundlich, dann bestimmter. Gut, Ihr Leute, ein Bein wird riskiert! Heiliges Blech, ist das Wasser kalt! Sofort verziehe ich mich. Opa, fesch in XXL-Badehose, greift mich und nimmt mich fest in den Arm. Er erzählt mir, wie schön es im Sommer bei den heißen Temperaturen im Wasser ist. Und Opa sei doch auch dabei. Es könne mir also gar nichts passieren. Opa und ich würden jetzt fein zusammen ins Wasser gehen und ‚planschi-planschi' machen!

Der Typ spinnt doch total. Zunächst verhalte ich mich ruhig. Opa betritt den Swimmingpool, in dem sich ungefähr Wasser in Höhe von 3 cm befindet. Ich in Opas Arm. Opa setzt sich umständlich in den Swimmingpool. Das Wasser steigt auf 15 cm. Ich immer noch in Opas Arm, sicher auf seinem Bauch hockend. Nun entlässt mich Opa doch tatsächlich ins Wasser! Das Wasser ist kalt wie am Nordpol! Ich schliddere, rudere und bekomme keinen Grund unter den Pfoten. Und wie nass solch' Wasser ist! Ich verzichte auf ‚planschi-planschi'!

Das ist entschieden zu viel! Ein kurzer Biss mit meinen ausgeprägten Beißerchen, und schon macht es: Pifffffff! Luft weicht aus dem Pool, und er wird sichtbar wabbeliger und wabbeliger. Ich bin ich voll in Aktion und trete mit meinen Pfoten gegen jede Hürde – egal ob Plastik, Opa oder Wasser. Meine Nägel reißen in die Plastikhaut große Löcher; mir egal, ich will nur raus!

Endlich kann ich mich in Sicherheit bringen. Unter einem Busch versteckt sehe ich, wie der Hunde-Swimmingpool langsam immer kleiner wird, und wie das Wasser Omas Rosen tränkt. Opa sitzt im Trockenen. Er schüttelt immer wieder seinen Kopf und will mein Verhalten einfach nicht begreifen. Umständlich erhebt er sich jetzt aus dem, was einmal sein ganzer Stolz war. Er hebt mit spitzen Fingern die zerstörte Plastikhülle hoch und stellt fest, dass hier keine Reparatur mehr möglich ist. Somit sei ich ab heute vom Baden befreit!

Genau das habe ich immer gewollt! Lass' doch die beiden Alten im Wasser sitzen und Champagner schlürfen, dummes Zeug reden oder Bücher lesen – ich bin lieber im Haus, entweder auf dem Bett oder auf der Couch. Denn dort bin ich vor jedem Wassertropfen sicher!

Rocky und der Schäferhund

Ich strolche einmal wieder, wie es sich für einen kleinen Bullterrier gehört, feldmarschmäßig angeleint durch die Flure Schwabstedts. Wir sind auf dem alten Bahndamm, und ich sehe aus meinen Augenwinkeln, dass unterhalb des Bahndamms ein Bauer mit seinem Knecht Heu einfährt. Ein großer Schäferhund rundet das Bild ab.

Plötzlich kommt der Schäferhund laut bellend auf mich zugestürzt! Der Bauer bemerkt es zwar, kümmert sich aber nicht weiter darum. Opa lässt mir ein wenig mehr Leine, damit ich Bewegungsfreiheit habe. Ich ramme kurzentschlossen meine Hinterpfoten in die Erde und warte ab, was da auf mich zukommt. Der Schäferhund rennt auf mich zu ... und hält dann ganz plötzlich im Laufen inne. Stocksteif steht er jetzt da. Er muss in meinen Augen wohl meinen unerbittlichen Willen gesehen haben (Diesen Gesichtsausdruck habe ich aus dem Fernsehen!). Vielleicht roch er allerdings auch, dass ich nicht nachgeben würde. So schauen wir uns an, eine Sekunde, zwei Sekunden, drei Sekunden – eine Unendlichkeit. Opa sagt keinen Ton.

Nun gehe ich seelenruhig auf den Schäferhund zu und beschnuppere intensivst seine Kehrseite. Gar nicht mein Fall, dieser Duft, aber der Schäferhund hält still und lässt mich tatsächlich gewähren. Sieg auf der ganzen Linie, denn wer einen anderen Hund an seinen Hintern lässt, ordnet sich unter. So ist es Sitte bei uns Hunden. All' dies ging ohne einen Laut vonstatten.

Der Bauer muss wohl irgendwann gemerkt haben, dass sein Schäferhund plötzlich so ruhig geworden ist. Das erscheint ihm wohl unheimlich, denn sonst kam sein Hund immer schnell als Sieger zurück. Er schaut in Richtung Bahndamm, sieht seinen unbewegt dastehenden Hund und einen weiteren Hund von der Größe eines Dackels, aber mit einer Schweineschnauze.

Zu faul, sich einmal von seinem Trecker herabzubewegen, ruft er meinem Opa zu: „Ist das 'ne Hündin?" „Nein", antwortet dieser, „das ist ein Rüde, aber mach' Dir keine Gedanken, der kann sich schon verteidigen!"

Der Bauer stutzt, schaut noch einmal scharf zu mir herüber und runzelt die Stirn. Dann schickt er schnell seinen Knecht auf den Bahndamm, damit er den Schäferhund abholt. Der Knecht kommt, fasst den noch immer unbeweglich dastehenden Schäferhund am Halsband und zieht ihn auf die Wiese zurück.

Opa schmunzelt in sich hinein – ich sehe es genau. So richtig loben darf er mich ja nicht, dazu war die Situation ein wenig heikel. Aber ich war ja an der Leine, und Opa hätte den Schäferhund sicherlich im Notfall gerettet. Ich merke aber, dass er stolz auf mich ist, weil ich nicht wie ein Kläffer angreife, sondern erst einmal mein Terrain sondiere und dem Gegner die Chance lasse zu verduften.

Rocky und die Gleichberechtigung

Bei meinem Opa muss alles seine Ordnung haben. Die Menschen haben Stühle und Sofas zum Sitzen, die Hunde haben ihren Platz. Er hat doch tatsächlich solch ein Platz-Element gezimmert und es mit dem gleichen Stoff bezogen, der auch die Couchgarnitur ziert. Diesen Platz legt er während meines Aufenthaltes in seinem Haus dann schön nahe der Heizung ins Wohnzimmer. Er erklärt mir lang und breit, dass ich dort bitte sitzen und liegen soll. Kerl, ist der dumm! Glaubt der tatsächlich, ich lege mich als erwachsener Hund auf einen Platz direkt auf die Erde? Das ist eine Strafe – es ist kein Vergnügen. Opa und Oma versuchen es immer wieder, aber ich will dort nicht hin! Leute, ich bin ein Hund mit Stolz und einem großen Hang zur Gleichberechtigung!

Sie schleppen dieses Ungeheuer von Platz dann doch tatsächlich auch auf die Terrasse. Opa und Oma sitzen natürlich auf normalen Gartenstühlen, schön mit einer bunten Auflage versehen. Ich soll dort unten liegen, auf diesem schrecklichen Platz. Wenn sie sich da nur nicht irren! Lieber Herr Poggendorf, ich bitte um Beistand! Ist dieses menschliche Verhalten normal?

Folgende Vorgehensweise wegen Abhilfe hat sich bewährt, und ich kann es meinen Freunden nur empfehlen: ‚Hund' muss immer unruhig herumlaufen, soll nie auf seinen Platz gehen, dafür auf dem frischangelegten Rasen herumtollen, sich zwischen den Blumen verlustieren, so dass sie abbrechen, sich in Erde wälzen, bis man dreckig ist und ansonsten einfach schrecklich unartig sein. Jeder Besucher wird neugierig beschnüffelt, auch wenn Opa und Oma mich zurückrufen. Kurz: Ungezogenheit führt oft zum Ziel!

Als Oma sich einmal kurz von ihrem Gartenstuhl erhebt, springe ich gekonnt auf ihren Sitz. Prima, es riecht nach ihr, und er ist noch schön warm. Zeit zum Hinlegen und Entspannen. Opa schaut nur ungerührt zu.

Dann kommt Oma wieder: „Rocky, runter von meinem Stuhl, auf Deinen Platz!" Ich ziehe nur gelangweilt eine Augenbraue hoch und öffne mein Auge millimeterweit. Opa sagt nichts. Ich schließe mein Auge wieder und lege die Schnauze auf meine Pfoten. Wenn Opa nichts sagt, ist alles in Ordnung.

Oma schnauft noch einmal ärgerlich und fragt dann, wo sie sich hinsetzen soll. Das ist mir eigentlich egal, sie kann gerne auf meinen Platz gehen oder sich einen neuen Stuhl suchen. Dann faselt sie noch etwas von Konsequenzen und falschen Erziehungsmethoden, aber weder Opa noch ich haben Sinn dafür.

Für diese Gleichberechtigung mit der Gattung Mensch zeige ich mich auch sehr dankbar. Ich rühre mich den ganzen Tag nicht vom Fleck, lasse die Sonne auf mein Fell brennen, genieße die Ruhe, und die beiden Alten können gehen, wohin sie wollen, ich bleibe liegen. Ab und zu – wenn Opa neben mir sitzt – komme ich dann zu ihm rüber und lasse mich auf seinen Schoß nieder, damit er seine Liebesanwandlungen mir gegenüber auch loswerden kann.

Oma und ihr „Wusch-Spiel"

Opa hat sich den kleinen Zeh gebrochen. Daher marschiert Oma jetzt mit mir los. Vorher steckt sie sich immer eine Menge Leckerli in die Tasche. Ich tue dann so, als ob ich das nicht sehe. Ich soll nämlich nicht so naschhaft sein.

Wenn meine Lieblingsnachbarn draußen sind, gibt es kein Halten. Ich begrüße die beiden auf das herzlichste. Ich darf sie Tante Marlene und Onkel Oschi nennen, jawohl. Tante Marlene meint, dass ich ein feiner Hund sei, und es sei eine Sünde, dass ich einen Maulkorb tragen müsse. Onkel Oschi möchte mich am liebsten zu sich nehmen, aber er sagt, er dürfe überhaupt kein Tier haben, weil eben dieses Tier dann fürchterlich verwöhnt werden würde. Ich wage in Gegenwart von Oma nicht zu sagen, dass ich gegen eine Gastrolle bei den beiden nie etwas einzuwenden hätte. Bei Tante Marlene riecht es nämlich immer himmlisch aus der Küche.

Oma nimmt mich an die Leine, und ab geht es auf den alten Bahndamm. Auf dem Weg dorthin darf ich unter keinen Umständen ein großes Geschäft machen, sonst wird Oma böse. Na, den Gefallen kann ich ihr tun, denn der Weg ist nicht weit, und sie beeilt sich auch. Sie hat mir beigebracht, dass ich an fremden Hundehaufen nicht schnüffeln soll: „Rocky, da gehen wir fein drum herum!" Wenn's dann sein muss ..... Das Gehorchen bezüglich des Herumgehens hat sich gelohnt, denn dann lobt Oma mich immer und sagt, was ich für ein lieber und toller kleiner Kerl bin. Bin ich auch!

Am alten Bahndamm angekommen, mache ich ganz schnell mein großes Geschäft. Stets in zwei Etappen. Oma schaut sich die Ergebnisse immer genau an und kommentiert sie manchmal. Sie will auch, dass ich mich ins Gebüsch begebe wie ein ordentlicher Hund, und nicht den Weg als Toilette benutze. Was werden wir vornehm!

Meistens sind wir allein auf dem Bahndamm. Oma schaut sich zuerst nach allen Seiten um, ob jemand da ist oder nicht, dann wird die Leine abgenommen. Jetzt geht die wilde Jagd los. Ich rase durch Gras und Gebüsch, schlage Purzelbäume, drehe Pirouetten und bin einfach glücklich. Ich laufe emsig vorweg, dann kommt Omas Pfiff. Ich weiß genau, was das bedeutet: Komme ich ganz schnell zu ihr, gibt es ein Leckerli – frisch aus ihrer Tasche. Oma lässt mich mein Leckerli auffressen, dann beugt sie sich zu mir herunter, zischt ein „Wuuuusch" und gibt mir einen leichten Klaps auf den Popo. Das ist das Startsignal für mich, einen hohen Hopser zu machen und mit Begeisterung loszurennen. Wenn ich dann zurückkomme, gibt es wieder etwas zur Belohnung! Oma ist ganz begeistert von dem Spielchen. Ich mache eigentlich nur mit, damit sie ihren Spaß hat.

Oft bleibe ich scheinbar ganz unbeteiligt am Wegrand stehen, pfeife still in mich hinein und warte auf ihr „Wuuusch". Kommt das nicht sofort, blicke ich sie scharf von unten her an. Wozu stehe ich wohl da? Dann kommt das Kommando. Wenn Oma sich so schnell glücklich machen lässt, helfe ich gern. Sie sagt, dass ich schöne Muskeln davon bekomme.

Einige Male habe ich sie bei meinem Temperament auch schon umgerannt. Das fand sie gar nicht so lustig mehr. Ich bin schnell hin zu ihr hin und habe ihr schmerzverzerrtes Gesicht liebkost. Dann hat sie mich in den Arm genommen und gesagt, dass es schon wieder werden würde. Aber schließlich ist die ganze Wuscherei auch für mich nicht immer nur Honigschlecken. Es bedeutet große Anstrengung und Konzentration. Rasen Sie zwanzig Mal oder mehr ungefähr 20 m hin und zurück! Und das jeden Tag! Schließlich bin ich kein Laufhund bei meinen kurzen Beinen.

Aber was tut man nicht alles für Omas Lachen? Wenn ich dann so richtig fertig bin, komme ich wieder an die Leine und gehe brav mit ihr nach Hause. Natürlich muss ich am Wegrand unendlich viel entdecken, und wir nehmen uns auch die Zeit dazu. Oma geht immer auf der Straße, aber ich soll auf dem Gras links von ihr bleiben. Am liebsten immer in Höhe ihrer Beine. Von wegen der Sicherheit. Ich versuche natürlich mit allen Tricks, auch auf den Asphalt zu kommen. Von wegen der Gleichberechtigung. Dann sehe ich nur einen ausgestreckten Zeigefinger und höre ein energisches „Rocky, auf das Gras!". Leider habe ich das zu akzeptieren.

Wir haben das oft geübt, jetzt kann ich es. Also wieder an allen interessant riechenden fremden Hundehaufen vorbei und erneut Lob wegen Artigkeit einstecken. Auf unserem Grundstück lässt sie mich dann von der Leine, ich bekomme ein letztes Leckerli, und schon sause ich die Aufgangstreppen hinauf zu meinem Opa, um ihm erst einmal mit Schwanzwedeln und Herumhopsen von meinen Abenteuern zu berichten.

Rocky liebt's romantisch

Wenn wir nach einem langen Spaziergang in der kälteren Jahreszeit in unser Häuschen zurückkommen, machen wir es uns gemütlich. Opa und Oma haben einen Kaminofen in ihrem Wohnzimmer. Sie können sich sicher vorstellen, dass auch ich dieses Feuerchen liebe. Opa schmeißt den Ofen an, es wird schnell warm und mein Rudel sitzt dann auf ihren Sesseln, schaut ins Feuer und genießt den Feierabend. Ich habe ganz schnell herausgefunden, wie ich auch ein gemütliches Plätzchen bekomme:

Kurz mit der Schnauze gegen Omas Beine stoßen und mit meinen kaum vorhandenen Wimpern klimpern! Oma stöhnt dann schmerzlich auf und erzählt mir immer wieder, dass ich viel zu schwer für ihren Schoß bin. Quatsch mit Soße, diese lächerlichen 21 kg! Wenn das nichts gebracht hat, drücke ich meinen Körper fest gegen ihre Beine. Das hilft dann. Mit viel Ach- und Weh-Lauten hievt sie mich umständlich auf ihren Schoß. Natürlich will ich immer auf meinem Rücken liegen. Ich mache es mir ganz bequem und rücke mich zurecht; Oma hat es nicht so schön.

Und dann geht die Geschichte richtig ab! Die Wärme vom Ofen kommt seitlich an meinen Körper, auf der anderen Seite wärmt mich Omas Bauch, und selbst ihre Oberschenkel geben Wärme ab. Ich entspanne mich total und knicke leicht mit den Vorderpfoten ein. Mein Kopf fällt sanft nach hinten. Nun streichelt sie meinen Bauch, rauf und runter, immer wieder. Ich kann mir nicht helfen, aber da entweichen meiner Kehle viele kleine Stöhn- und Quiek-Laute, die Oma glücklich bemerkt. Sie umarmt mich ganz fest und singt mir ein Schlaflied:

„Suse, liebe Suse, was raschelt im Stroh?
Das ist der kleine Rocky, er hat keine Schuh.
Der Schuster hat Leder, keine Leisten dazu,
drum kann er dem kleinen Rocky auch machen kein'
Schuh!"

Sie ist nun wirklich nicht Maria Callas, und Töne kann sie auch nicht besonders halten, aber ich spüre ihre ganze Liebe und gebe mich ihr voll hin. Was gibt es Schöneres, als stillzuhalten? Dieses feine, alte Volkslied hat ungefähr 10 Strophen, und alle sind gleichen Inhaltes. Und eine Strophe ist so schön wie die andere. ‚Maikäfer flieg' mag ich auch sehr gerne. Oma schaukelt mich auf und nieder und küsst meine Schnauze.

Wenn sie dann nicht mehr singen kann, spielt sie mit mir ‚Big Ship'. Kann ich nur empfehlen! Ich strecke ihr voll meine Kehle hin, so richtig zum Reinbeißen, und sie sagt mit tiefer Stimme: „Big ship is coming down the river – buuuuuh!" Und beim ‚Buuuuuh' hat sie ihren Mund voll an meiner Kehle. Das vibriert und kitzelt! Ich könnte es stundenlang aushalten!

Nach ungefähr einer Stunde Schoßliegen habe ich meistens meine Oma fertiggemacht. Dann muss sie mich absetzen. Solch ein Weichei! Sie entschuldigt sich mit eingeschlafenen Beinen und Verspannungen. Na gut, für heute will ich nachsichtig sein. Der Platz neben Opa auf dem Sofa ist ja auch recht schön!

Aber warte, Oma, morgen bist Du wieder dran!

Noch ein Wort zum Abschied:

Mir wurde einmal gesagt, dass ein Hund wie Rocky gar nicht zu mir passen würde. Da frage ich mich, welcher Hund passt denn zu welchem Menschen?

Passt ein Pekinese nur zu alten Damen? Oder ist es der Mops, wie Wilhelm Busch es so schön sagt? Will man eine Modeerscheinung, dessen Rasse durch Filme berühmt gemacht wurde, wie z.B. Dalmatiner? Muss es die Edelzüchtung sein? Ist der Stammbaum entscheidend? Oder willst Du einfach nur einen treuen Freund, der Dich auf allen Wegen begleitet? Sind da Stammbaum und Aussehen wirklich wichtig?

Ein Freund ist ein Freund, egal, wie er ausschaut und was er darstellt. Bei den Menschen haben wir das begriffen. Bei den Tieren macht ‚Mensch' es häufig abhängig von Größe, Stammbaum, Aussehen oder sogar von der Art des Felles.

Ich kann nur sagen, ich habe einen Freund, der sich für mich zerfleischen lassen würde, der mich verteidigen würde auf Leben und Tod, der mir in jeder Situation treu ergeben ist, der mich tröstet, der sich mit mir freut, der mich einfach so liebt wie ich bin, der aber auch abhängig von mir ist und meinen Schutz benötigt.

Wer einen solchen Freund hat, dem ist es egal, woher er kommt und wie er aussieht. Und wenn ihm beide Ohren fehlen würden und er auf drei Beinen angehumpelt käme, er ist der Einzige, der Beste!

Ob Bullterrier, Mischling oder Chihuahua, ich würde ihm – wenn notwendig – ein Holzbein anfertigen, für ihn hören, ihm bei Kälte ein Mützchen aufsetzen und voller Stolz mit ihm spazieren gehen.

Und dieser Hund passt dann zu mir!

HAMBURGER TIERSCHUTZVEREIN
VON 1841 E. V.

Hamburger Tierschutzverein von 1841 e.V.
Postfach 26 14 54 · 20504 Hamburg

Frau
Gisela Laue-Morczinietz

Unser Zeichen:	pg-cz
Durchwahl: 21 11 06 -	27
Hamburg, den	24.11.2003

Ihr Schreiben vom 17. November 2003

Sehr geehrte Frau Laue-Morczinietz,

ich freue mich, dass Sie dazu beitragen wollen, die von uns geliebten Hunde, hier besonders die sogenannten Kampfhunde, in der Gesellschaft besser zu plazieren. Sicherlich ist durch politische Kampagnen das Ansehen der von uns geliebten Hunde teilweise verschlechtert worden. So hoffe ich, dass durch Ihre Absicht, ein Buch über den kleinen Bullterrier herausbringen zu wollen, sich die Menschen eines Besseren besinnen, sich bewusst zu werden, dass der Hund sicherlich zu den besten Freunden des Menschen gehört. Ich glaube, dass ohne den Hund in der Frühgeschichte, der Mensch sich gar nicht oder so weiterentwickelt hätte, wie es seinen Verlauf genommen hat. Ohne den Hund als Jagdhelfer und Beschützer hätte der Mensch in seiner Entwicklung größte Schwierigkeiten gehabt.

Ich hoffe, dass Sie den Lebensbereich Hund in Ihrem Buch würdigen und es nicht zu einer Vermenschlichung kommt. Hunde in ihrer Ursprungsform sind in ihrem Dasein dem Menschen in allen Bereichen weit überlegen. Wir vergessen allzu oft, dass wir die Hunde nach unseren Vorstellungen lang, breit, hoch gezüchtet haben und ständig versuchen, ihren Charakter und Wesen zu verändern und wundern uns, dass dieses nicht immer nach unseren Vorstellungen abläuft.

Gegen eine namentliche Nennung meiner Person in Ihrem Buch habe ich keine Einwände, beigefügt erhalten Sie die Einverständniserklärung unterschrieben zurück.

Mit freundlichen Grüßen

Hamburger Tierschutzverein
von 1841 e.V.

W. Poggendorf

W. Poggendorf
Geschäftsführer

Anlage

Mitglied im Deutschen Tierschutzbund e.V.
Hamburger Tierschutzverein von 1841 e.V. · Süderstraße 399 · 20537 Hamburg · **Postanschrift:** Postfach 26 14 54 · 20504 Hamburg
Telefon 040/21 11 06-0 · Fax 040/21 11 06 38 · E-Mail htv1841@t-online.de · Internet www.hamburger-tierschutz.de
Tierheim-Öffnungszeiten: Mo - Fr: 10.00 - 16.00 Uhr · Sa: 9.00 - 12.00 Uhr · So: 9.00 - 11.00 Uhr · **Bürozeiten:** Mo - Fr: 8.30 - 12.30 und 13.00 - 16.00 Uhr
Bankverbindungen: Deutsche Bank Hamburg, Kto. 41 00 962, BLZ 200 700 00 · Haspa Hamburg, Kto. 1286 222 888, BLZ 200 505 50 · Postbank Hamburg, Kto. 102 52-205, BLZ 200 100 20